AF546800

SV

Band 1492 der Bibliothek Suhrkamp

Joseph Beuys
Mysterien für alle

Kleinste Aufzeichnungen

Auswahl und Nachwort
von Steffen Popp

Suhrkamp Verlag

Auswahl auf Grundlage des von Eva Beuys edierten Bandes *Joseph Beuys: Das Geheimnis der Knospe zarter Hülle*, erschienen 2000 in der Edition Heiner Bastian im Vertrieb des Schirmer/Mosel Verlags, München

Erste Auflage 2015

Satz: Satz-Offizin Hümmer GmbH, Waldbüttelbrunn
Druck: Memminger MedienCentrum AG
Printed in Germany
ISBN 978-3-518-22492-2

vom Betrachten zum Erleben

Bildnerei u. Malerei
aufweisen
der Wahrheit, der Rege, der Kraft
verneuen
Ausdrucksfähigkeit des Deutschen
einen in Sonderheit deutschen Aspekt
angebaute geistige Bereiche
ungebunden
keine toten Lettern vorne
Skalden
eingehämmert
er stärket
sondern nur sich selbst bezogen
trotz den Zerklüftungen
Gegenteils
bedang
mißlich
Aufgipfelung
Bekundungen
Zugespitztheit
Handlung, Begebenheit
Wortschälle

ich wäre zusammengebrochen
so gäbe es doch eine
Auferstehung durch die Sprache
ich wünschte sie sprechen und
dadurch würden nach u. nach
Begriffe mit den Begriffen ein
denken und mit dem denken
ein Bewußtsein entdecken.

089
43189545

ich wäre zusammengebrochen
so gäbe es doch eine
Auferstehung durch die Sprache
ich müsste sie sprechen und
dadurch würden nach u. nach
Begriffe mit den Begriffen ein
Denken und mit dem Denken
ein Bewußtsein entstehen.

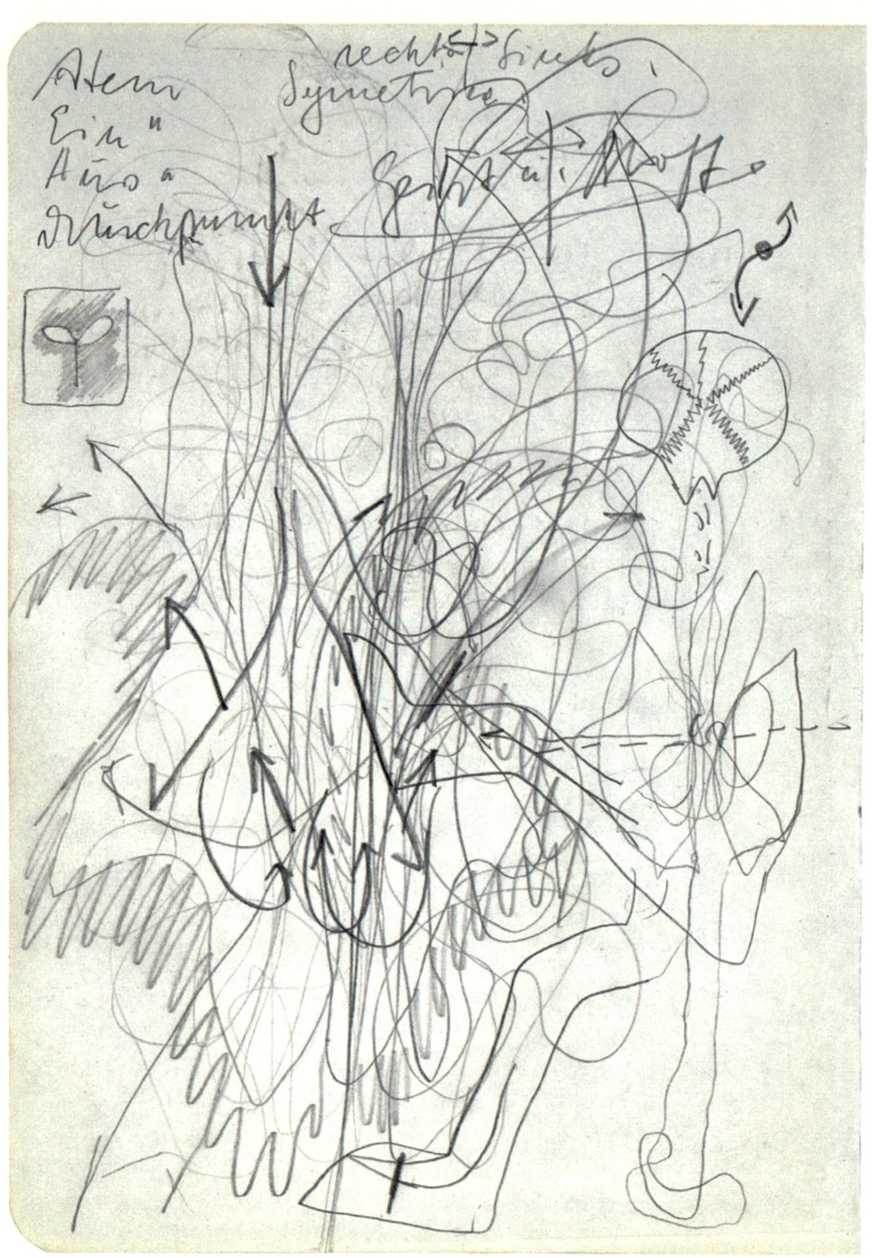
Atem
Ein
Aus
Druckpunkt
rechts links
Symmetrie

rechts < | > Links

Atem Symetrie

Ein "

Aus "

Druckpunkt

Geist ↔ u. Stoff

Bewegungen

Klang, Laut, Sprache

Luftstrom zum Sprachton umplastiken

Elastizität – Plastizität

Stimmbänder, Kehldeckel, Gaumensegel

Zäpfchen, Zunge, Zähne, Lippen

elastik
Spannung
Entspannung
[illegible]

bewusstes Seelenleben

verengt
erweitert

Stimmritze

umgeformter Luftstrom

Wellungen
Vibrationen

[illegible] Rhythmen

Elastizität Verlust

Sympathie
Antipathie
Ausdehnung
Zusammenziehung

Triller

Sprache → eine Fülle organartiger Gestalten aus Luft geschaffen

Bewegungen

Klang , Laut , Sprache

Luftstrom zum Sprach ton umplastiken

Elastizität – Plastizität

Stimmbänder , Kehldeckel , Gaumensegel

Zäpfchen , Zunge , Zähne , Lippen

elastik
Spannung
Entspannung
verlängert
verkürzt

bewusstes Seelenleben

verengt
erweitert

Stimmritze

ungeformter Luftstrom

Wellungen
Vibrationen

Wirbelungen

elastizität der Luft

Sympathie

Willen

Antipathie
Ausdehnung
Zusammenziehung

Sprache → eine Fülle organartiger Gestalten aus Luft geschaffen

Weltenwort ⟶ Bewegung

Das Wort Gestalt schaffende Geistrealität

Seelenmeteorologie

OLYMPIC
AIRWAYS

phryg. d'-d fröhl. aufreizend
lydisch c'-c anmutig
mixolyd. h'-h klagend
hypodorisch a'-a sittlich
hypophryg. g'-g weich erotisch
hypolydisch f'-f. bacchantisch

phyg d' - d fröhl. aufreizd

lydische c' - c anmutig

mixolyd. h' - h klagend

hypodorische a' - a ritterlich

hypophryg. g' - g weich erotisch

hypolydische f' - f bacchantisch

1. Vitalsinn Leibsinn [illegible] metabol. [illegible] [illegible]

Gleichgew. od. Orientierungssinn [illegible] lokal. [illegible]

Tastsinn [illegible] Eigen[illegible] [illegible]

Eigenbewegungssinn [illegible] Beweg mit Hilfe des Auges

Sehsinn Auge Lichtsinn [illegible]

Geruchssinn Nase Luftmensch

Geschmackssinn Zunge [illegible], [illegible]

Wärmesinn Wärmemensch (mit Ausnahme des Auges)

Tonsinn, Klangsinn, Gehör

Lautsinn Wortsinn Sprachsinn

Gedankensinn Begriffssinn oder Vorstellungssinn

Ichsinn

1. Vitalsinn + Zeitsinn   hinin ——————— [   ]
unlokal.   langs.   sekunde

Gleichgew. od. Orientierungss
lokal   Math. Sinn

Tastsinn   Urteil. Schluss
eigenen Leiblichkeit

Eigenbewegungssinn   (äussere Beweg mit Hilfe des Auges

untere Sinne
Willenssinne

Sehsinn   Auge .   Lichtübun[g]

Geruchsin   Nase   Luftmensch

lebensäther

Geschmacksinn   ,   Der flüssige Mensch
chem. Äther
Wärmeäther

Wärmesinn   Wärmemensch
(mit Ausnahme des Auges

mittlere Sinne
Gefühlssinne

Tonsinn , Klangsinn , Gehör

Lautsinne   Wortsinn   Sprachsinn

Gedankensinn   Begriffssinn
oder Vorstellungssinn.

Ichsinn

obere Sinne

ein Privilegium und wurde (wird) von Privilegierten finanziert. Die Privilegien einer bestimmten Gesellschaftsschicht wurden so regelrecht vererbt.

Eine Mehrheit muss durch Information aufgeklärt werden und in direkter Abstimmung entscheiden, welche Beiträge aus dem freien Kapital (Volkseinkommen) für die Finanzierung von Ausbildung zur Verfügung gestellt werden sollen. Auf diesem Wege gebildete Gesetze können die materiellen Mittel für Studium und Lebensunterhalt während der Studienzeit sichern. Der Weg über Ausbildungsgelder für Studierende muss dem Prinzip, Freie Hochschule' der richtige erscheinen, die Hochschule von unten her im Zusammenhang mit dem Ausbildungswollen zu finanzieren: Gelder für

1. Nahrung, Kleidung, Wohnung
2. Lehrerhonorare
3. Aufrechterhaltung und Ausbau der hochschulischen Einrichtungen.

Die Höhe der Gelder für Punkt 3 setzt die Vollversammlung der Lehrenden und Lernenden fest. Mit dem Rest der Ausbildungsbeiträge werden Punkt 2 und spezielle künstlerische oder wissenschaftliche Projekte finanziert.

für Konferenz
Beuys

1 4 unteren Sinne

Der Vitalsinn schaut Vitalsinn

auf den[ ]eigenen Tastsi + Gleichg.

Eigenbewegungs

Innenorganismus Willenssinne

seelisch krank

Der V. [des] sozialen Organismus

schaut auf sein

seelisch krank

der V.

des plastischen Organismus

schaut sich selbst an

u. sieht seine kranken

od. ges. Organe

2. Gleichgewichts- od. Orientierungssinn

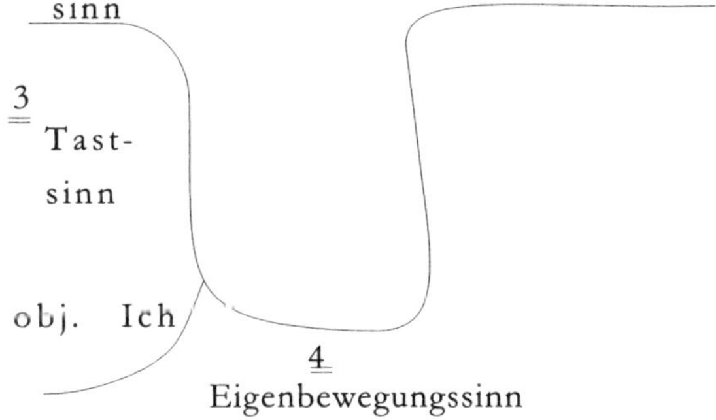

4 mittleren Sinne
Gefühlssinn
Sehsinn
Wärmesinn
Geruchsinn
Geschmackssinn

⊕ Kopf

Sehsinn
Geruchsinn
Geschmackssinn
Wärmesinn
Holz

Mittlere
Luftiges
Flüssiges

Lichtäther
Wärmeäther
Lebensäther
chem. Äther

Die 4 oberen Sinne

1. Tonsinn, Klangsinn, Gehör
2. Lautsinn, Wortsinn, Sprachsinn
3. Gedankensinn, Begriffssinn, Vorstellungssinn.
4 Ichsinn

4 mittleren Sinne
Gefühlssinne

Sehsinn
Wärmesinn — Geruchsinn
Geschmackssinn
Kopf

Sehsinn | Mittlere | Lichtäther
Wärmeäther
Geruchsinn | Luftiges | Lebensäther
chem. Äther
Geschmackssinn | Flüssiges
Wärmesinn

Hals

Die 4 oberen Sinne

1. Tonsinn, Klangsinn, Gehör

2. Lautsinn, Wortsinn, Sprachsinn

3. Gedankensinn, Begriffssinn, Vorstellungsinn

4 Ichsinn

wir lehnen die amerikanischen Geheimbünde zum Zwecke politischer Macht ab

Dr. G[illegible] gesucht

Dring.
Demonstration bei documenta.

Bitte bauen Sie folgende Klänge i. Sprache auf ihren Kiefer auf.

Lippe
Zunge
Nase
Kehle.
Hypophyse
Epiphyse
Gehörumbildung.

diesen Satz
diese Sprache
diesen Sprachton
diesen Ton
diesen Klang.

Worte
die Produktionen

w. der Willensimpuls noch im Menschen lebt und ihn stimmlich bewegt

[ ]

in Filz graviert

Dauer-

Demonstration bei Documenta.

Bitte bauen Sie folgende Klänge

u. Sprache auf ihrer Niere auf .

Leber

Lunge

Herz,

Skelett,

Hypophyse

Epiphyse

Gehirnanhang.

diesen Satz

diese Sprache

diesen Sprachton

diesen Ton

diesen Klang .

Laute

Die Produktionen

wo der Willensimpuls noch

im Menschen lebt und ihn

stimmlich bewegt

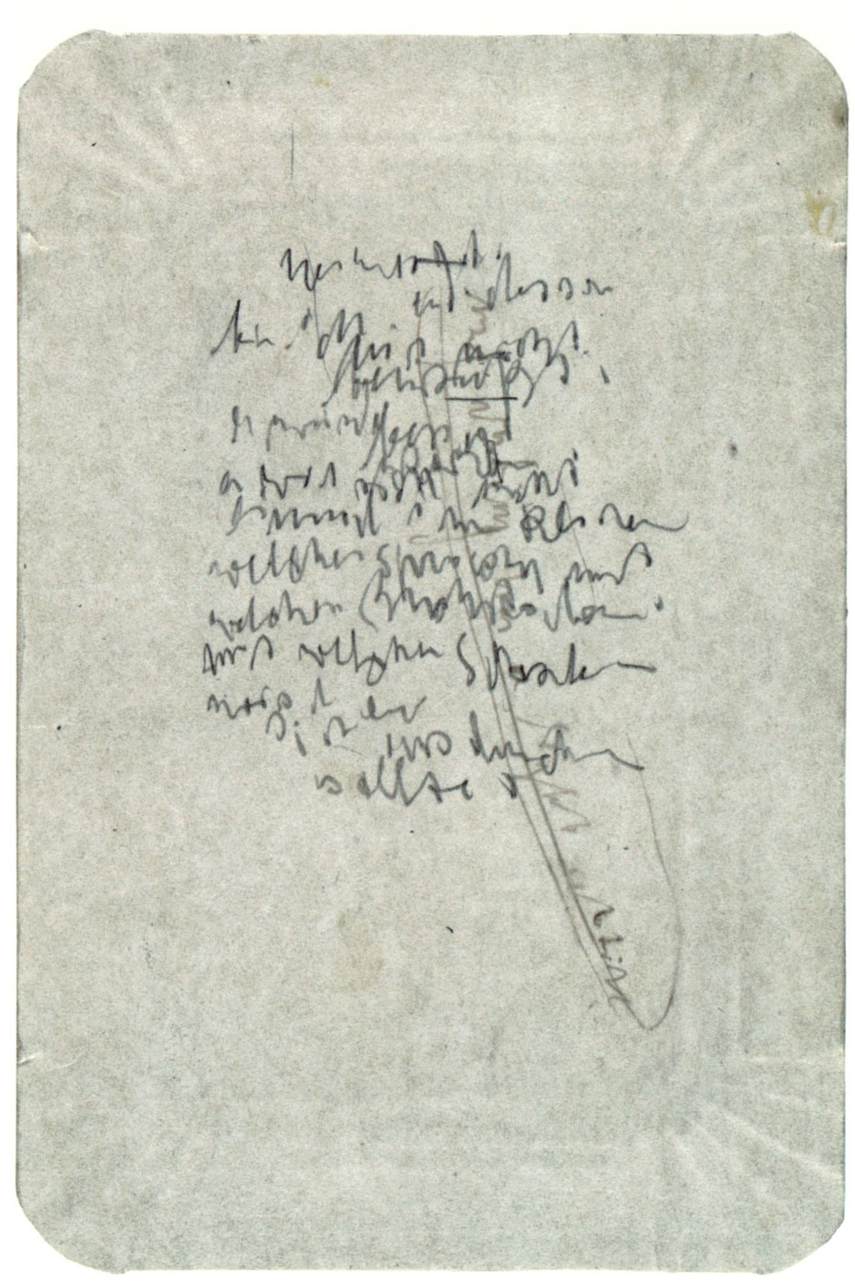

Weisheitsged.
indessen
bin ich
mir nicht
bewußt.
es würde
besser
sein
er wär sich nicht
einmal im Klaren
welcher Sprachen mit
welchen Buchstaben,
mit welchen Schriften
meist er
sich
ausdrücken
sollte

the intuition
is not
the rational
only

the intuition
is not
the rational
only

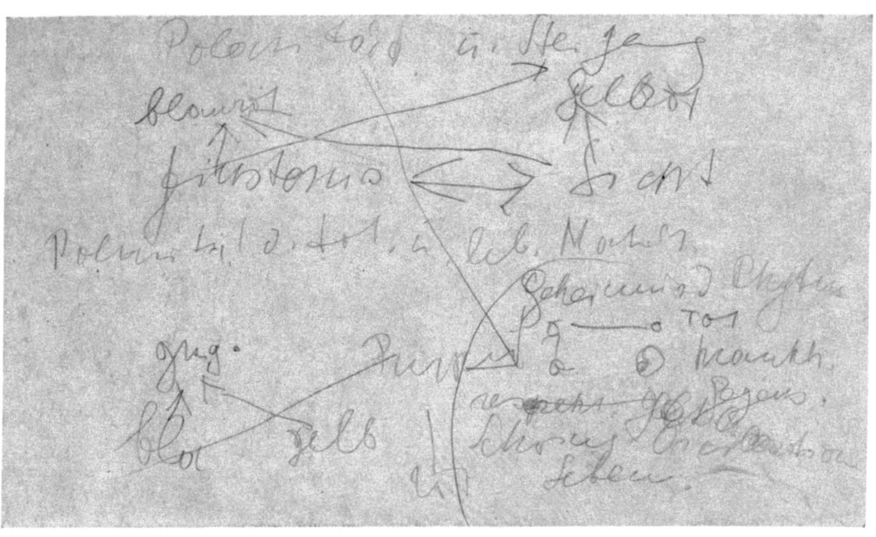

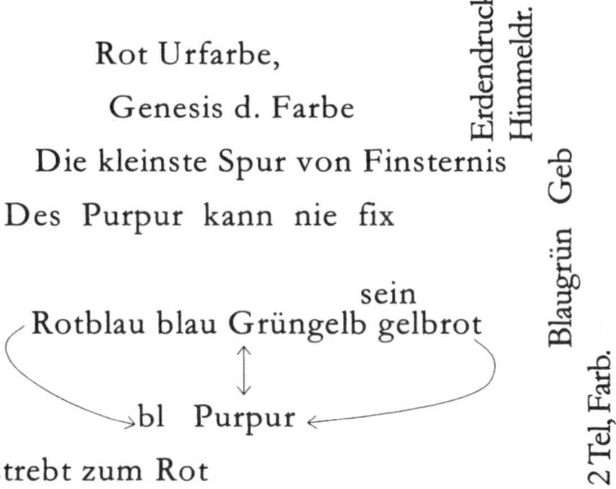
Rot Urfarbe,
Genesis d. Farbe
Die kleinste Spur von Finsternis
Des Purpur kann nie fix
sein
Rotblau blau Grüngelb gelbrot
bl Purpur
strebt zum Rot
Erdendruck
Himmeldr.
Blaugrün Geb
12 Tel, Farb.

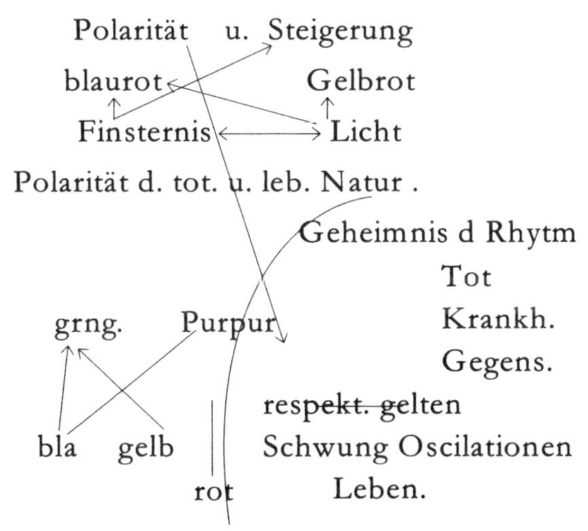
Polarität u. Steigerung
blaurot Gelbrot
Finsternis Licht
Polarität d. tot. u. leb. Natur .
Geheimnis d Rhytm
Tot
Krankh.
Gegens.
grng. Purpur
respekt. gelten
bla gelb
Schwung Oscilationen
rot
Leben.

konstr. Denk | int. Denken
unprod. | Erkennen
Ordnung
gesch Hälfte

Licht = Geradheit Lichtvoller Mensch
Farbentstehung. – Spannung

Ganzheitsbetrachtung.

Innewerden d. Erlebens
Ich habs Ich habs ich weiss nun
noch produktiv ~~konstruktiv~~ arbeiten
Intuitiv Innewerden
Evidenzüberzeugung.

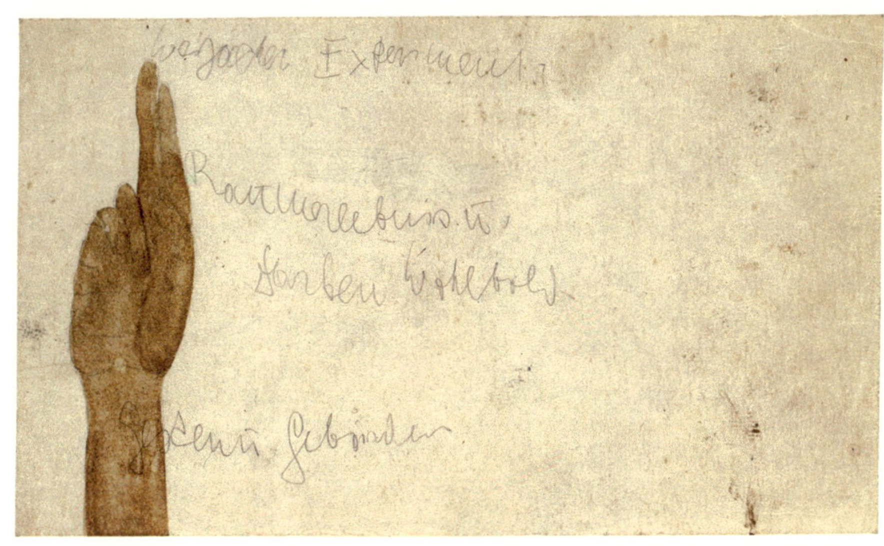

Farb . Schatten .

räuml vorseh .
zeitl. Zeitl. [ ] .

Culminationsp . d . Farbenentst.

Wahrnehng d. Farbe d. d. ätherischen Organis .

Wahrnehng. u . Aufnahme .

Raum Zeit

Seinsebenen

in d . Seele Objekt Gesetze .

Weizäcker Experiment

Raumerlebnis u.

Farben Wohlbold

Gesten u. Gebärden

INTUITION

EXTREME BEOBACHTUNG
BEOBACHTUNG DER EXTREME

WO DAS DENKEN AN
SEINEN ANFANG GESTELLT
IST

SCHNITT KÜNSTLICH FÜHREN
EXPERIMENT (GRENZEN

IN DEM GEGEBENEN
TÄTIG DRINNENSTEHEN
es muß ebenfalls gegeben sein, aber nur
insofern, als es zugleich ein im Erkenntnis-
akt Hervorgebrachtes ist

INTUITION

EXTREME BEOBACHTUNG
BEOBACHTUNG DER EXTREME

WO DAS DENKEN AN
SEINEN ANFANG GESTELLT
IST

SCHNITT KÜNSTLICH FÜHREN
EXPERIMENT (GRENZEN

IN DEM GEGEBENEN
TÄTIG DRINNENSTEHEN
es muß ebenfalls gegeben sein, aber nur
insofern „als es zugleich ein im Erkenntnis-
akt Hervorgebrachtes ist

ARTIKULATION

BEGRIFFE UND IDEEN
MÜSSEN WIR HERVORBRINGEN
WENN WIR SIE ERLEBEN WOLLEN

INTENTIONALITÄT

• INFORMATIONSTHEORIE

• ZUR PLASTIK GEHÖRT DER
WILLENSAKT
ZURÜCK VERFOLGUNG !

BEGRIFF DER KAUSALITÄT
FREI VON EMPIRISCHEM INHALT
↓
URSACHLICHKEIT
ALS DENKFORM
MÜSSEN WIR
SELBST
HERVOR-
BRINGEN

ARTIKULATION

BEGRIFFE UND IDEEN
MÜSSEN WIR HERVORBRINGEN
WENN WIR SIE ERLEBEN WOLLEN

INTENTIONALITÄT

• INFORMATIONSTHEORIE

• ZUR PLASTIK GEHÖRT DER
WILLENSAKT

ZURÜCKVERFOLGUNG!

BEGRIFF DER KAUSALITÄT
FREI VON EMPIRISCHEM INHALT
↓
URSACHLICHKEIT
ALS DENKFORM
MÜSSEN WIR
SELBST
HERVOR-
BRINGEN

stern → [illegible] →

subdivided in groups

going up

Land

transmission of [illegible]

sound to Solion

this for this reason

[illegible]

comes

and now a [illegible] along study

Mass Communication

to limit [illegible] 2

a short → to [illegible] Imagi-nation ∞ Inspiration ∞

Intuition

[illegible]

bottom

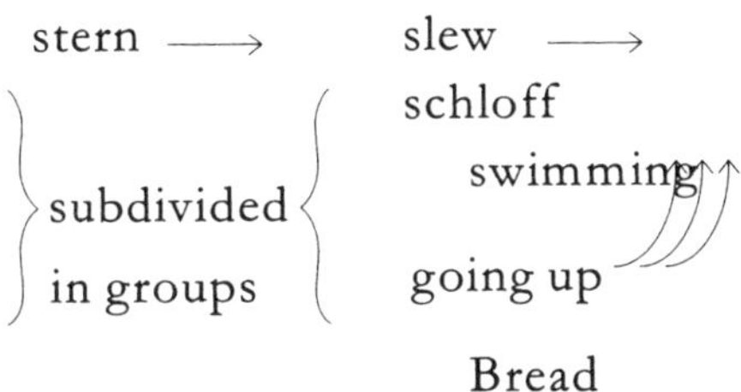

transmission of Substonnes
hard to solve
it is for this reason
destroi the Artist as
a solitary
comes
and now a visibility along
3
study
Maß Communnation
2
to limit corrupt
v.t.
a short →to shorten Imagi
nation Inspiration 1
Intuition
shape mould

dell
bottom

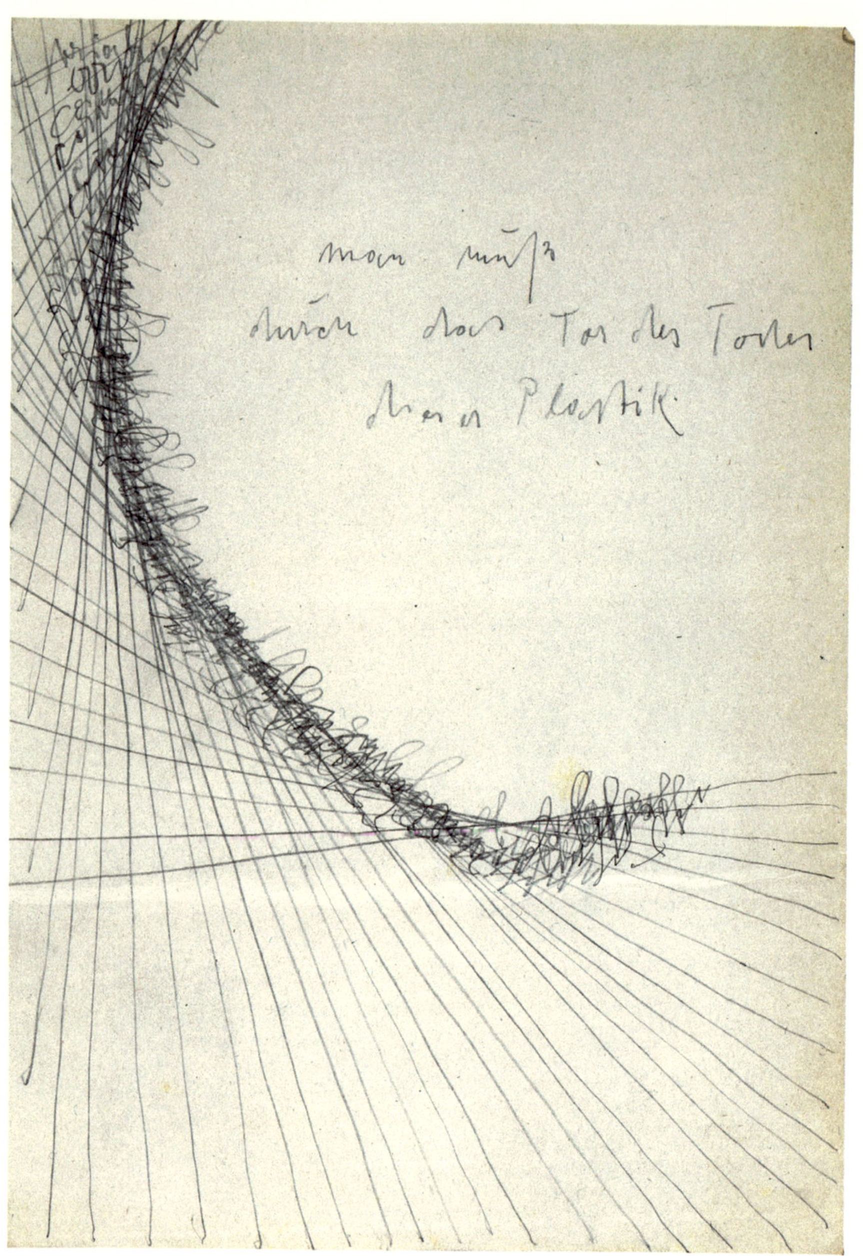
man muß
durch das Tor des Todes
dieser Plastik

trial \
error
[ ]

man muß

durch das Tor des Todes

dieser Plastik

vom Betrachten zum Erleben fortschreiten

Individuation

Leibschöpferische Kräfte

das Ende

der Traditionen,

Isolator

Zusammenprall mit [illegible] Stück

vom Betrachten zum Erleben fortschreiten
Individuation
Das Ende Leibschöpferische Kräfte
der Traditionen
Implosion
Isolator [ ]
Zusammenfall mit Druck

Wahrheit / große Brennessel

as long as I see the flying bees
I feed myself from behind the knees

as long's I see the flying bees
I feed myself from behind the knees

Phänomenalismus

Materialismus Realismus

Sensualismus

Dynamismus

Mathematismus

Rationalismus

Wahrheit

Idealismus Spiritualismus

Psychismus Pneumatismus Monadismus

PM

bewegliches Denken

Individuum

es wird [illegible] mehr erfüllen als was ich beschreiben kann

Phänomenalismus

Naturalismus

Sensualismus

Realismus

Dynamismus

Rationalismus

Mathematismus

Wahrheit

Idealismus

Psychismus

Spiritualismus

Pneumatismus

Monadismus

Phi
[bewegliches Denken]

Individuum

[es wird weitaus mehr erfüllen als was
ich beschreiben kann]

der erweiterte Kunstbegriff
ist das ~~Ergebnis~~ Ziel des Weges von
der traditionellen (Moderne Kunst)
bis anthropologischen Kunst, die
~~im Netz des Gesellschaftskörpers~~
die Kernfrage der Gesellschaft erst
einmal erreichen und dann ~~transformieren~~
~~[illegible]~~ in der Transformation lösen kann

der Mystische oder Alchymistische
wie er oft von Aussen empfunden wird
entsteht ~~erst~~ ja aus dem
Transformationsprozess oder
dem Transformationswillen
also SOLVE ET COAGULA

der erweiterte Kunstbegriff
ist das [Ziel] des Weges von
der traditionellen (Moderne Kunst)
zur anth[r]opologischen Kunst , die
[ ]
die Kernfrage der Gesellschaft erst
einmal erreichen und dann [ ]
[ ] in der Transformation lösen kann

Das Mystische oder Alchymistische
wie es oft von Aussen empfunden wird
entsteht [ ] ja aus dem
Transformationsprozess oder
dem Transformationswillen
das SOLVE ET COAGULA

Denken | Form tot.

1 Fühlen | Farbe. Charakt.

Wollen | Plastisches Chaos.

Formkraft.

Architektonisch Skelett. = Statik.

Plastik. Atmend. Farbempfindung.

Malerei. Herz = Seele = Empfind. = Bewegung.

Form Kopf = Abstraktion. Form

Raumgeist.

Fo

Raumgeist.

Form

Farbe

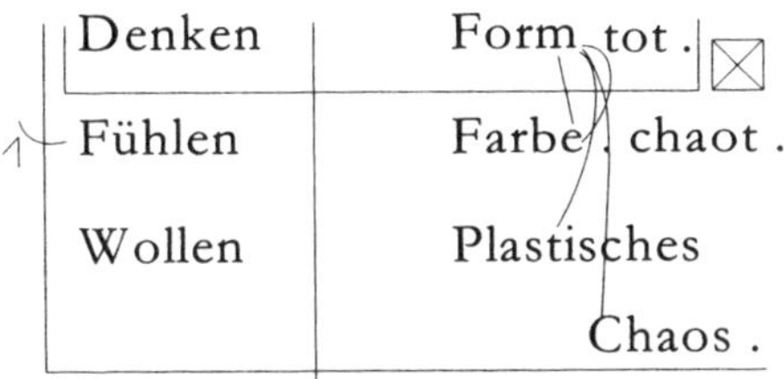

Denken	Form tot .
Fühlen	Farbe . chaot .
Wollen	Plastisches Chaos .

Formkraft .

Architektur Skelett. = Statik .

Plastik . Stoffwechsel Farbempfindung.

Malerei Herz = Seele = Empfind. – Bewegung.

Form Kopf = Abstraktion. Form.

Raum Zeit.

Fo

Raumgest.

Form

Farbe

Margarete

Andrej Wajda

ARCH

BILDH

MALER

MUS.

THEAT

DICHTG

BEWEGUNGSKUNST

Schlösser

Bücherverbrennung

SCHUH

HOPPE

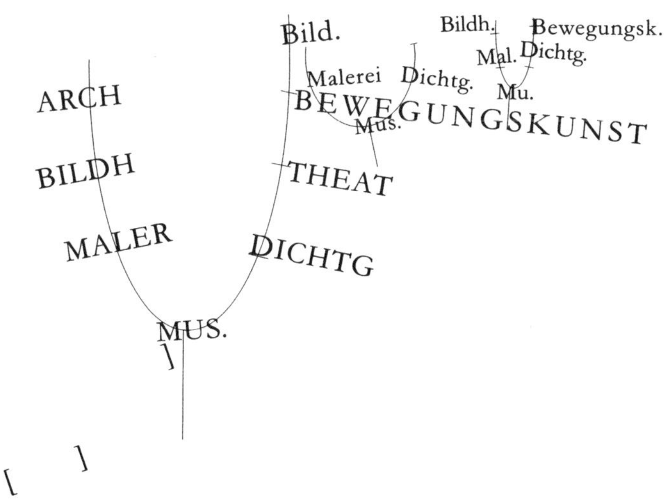
Bild.
Bildh.
Bewegungsk.
Mal.
Dichtg.
Malerei
Dichtg.
Mu.
ARCH
BEWEGUNGSKUNST
Mus.
BILDH
THEAT
MALER
DICHTG
MUS.

Wer ist der grösste Komponist der Gegenwart ? ? ?

Architektur = De[n]finition v. Mensch .

Plastik

Malerei

Musik

Dichtung .

← Vergangenheit ← Gegenwart Zukunft .

[ ] früher jetzt später

Contergan - Kind

DAS LEIDEN

DIE WÄRME

DER KLANG ? ? ?

DIE PLASTIZITÄT

DIE ZEITERFÜLLUNG

Statik Dynamik

Kälte Wärme – Zeit .

Gegenraum

Die einzige Genialität die ich besitze ist die, dass ich mich mit dem Strom der Zeit bewege, während andere sich dagegen bewegen

Wer ist der Strom der Zeit?

Die einzige
Genialität
die ich besitze
ist die , dass ich
mich mit dem
Druck der Zeit
bewege,
während andere
sich dagegen
bewegen

Was ist der Druck der Zeit ?

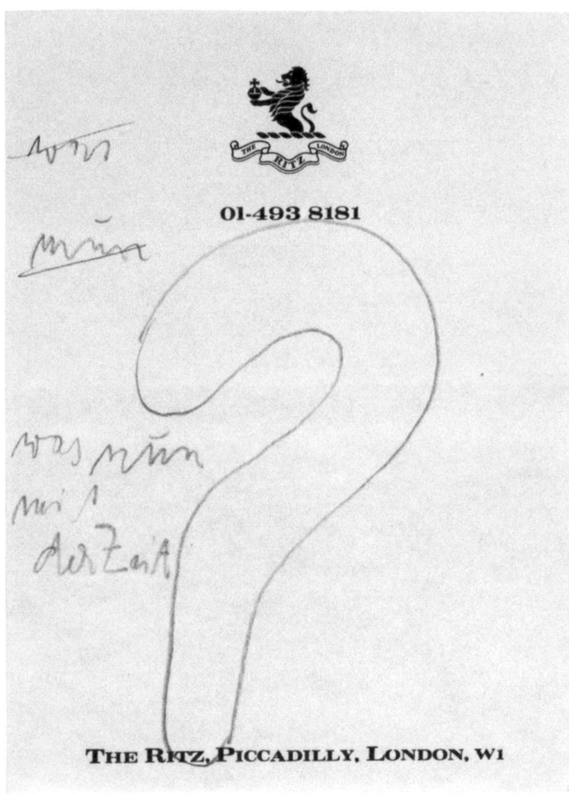

THE RITZ LONDON

01-493 8181

was nun
mit
der Zeit

THE RITZ, PICCADILLY, LONDON, W1

~~was~~

~~nun~~

was nun
mit
 der Zeit

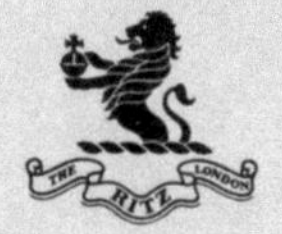

01-493 8181

Zeitmantel
verschluckte Zeit
Zeitverdichtung
eingefrorene Zeit
Zeitspross
Zeitbinder
aller Zeiten Mantel

THE RITZ, PICCADILLY, LONDON, W1

Zeitmantel
  verschluckte Zeit
Zeitverdichtung

eingefressene Zeit

  Zeitfraß

Zeitbinder

aller Zeiten Mantel .

Zeitgedächtnis

THE RITZ LONDON

eingesunkene Zeit

01-493 8181

eingegangene Zeit

eingefrorene Zeit

Zeitfraß

Seit ewigen Zeiten

Zeitabbinder

THE RITZ, PICCADILLY, LONDON, W1

Zeitgedächtnis

eingesunkene Zeit

eingegangene Zeit

eingefressene Zeit

Zeitfraß

Ist ewigen Zeiten

Zeitbinder

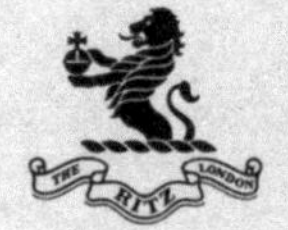

01-493 8181

Mantel
schwer
von Zeit

Zeit-Stau
Zeit Verdichtung

THE RITZ, PICCADILLY, LONDON, W1

Mantel
schwer
von Zeit

Zeit – Stau

Zeit Verdichtung

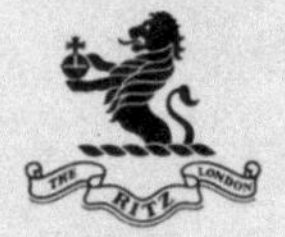

01-493 8181

was nun
mit all
der gestauten
Zeit?

was nun
mit der Zeit?

THE RITZ, PICCADILLY, LONDON, W1

was nun
mit all
 der gestauten
  Zeit ?
was nun
 mit der Zeit ?

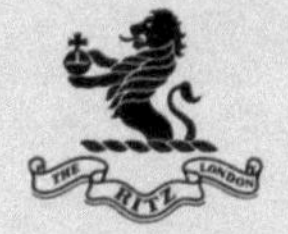

01-493 8181

was ist denn
nun
mit der Zeit ?

SCHIRM

HÜLLE
CHRONOS

The Ritz, Piccadilly, London, W1

was is denn

nun

mit der Zeit

SCHIRM

HÜLLE

CHRONOS

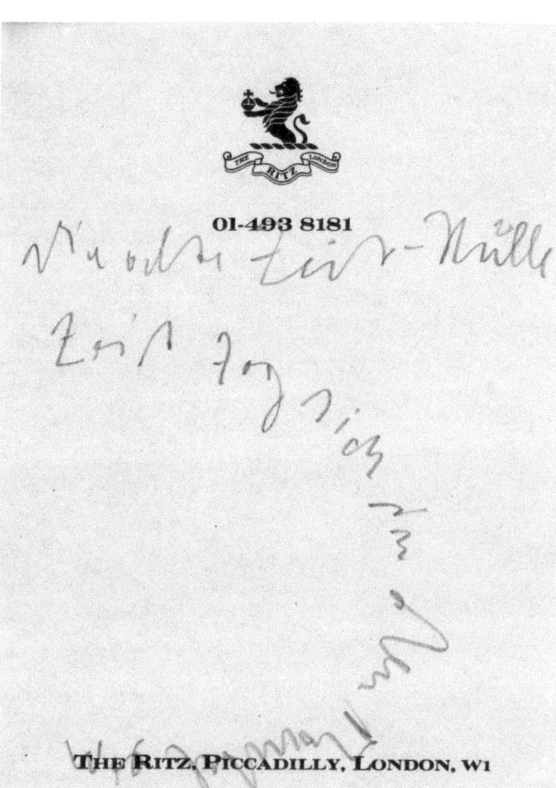
THE RITZ LONDON

01-493 8181

THE RITZ, PICCADILLY, LONDON, W1

Die alte Zeit – Hülle

Zeit zog sich in den Mantel ein

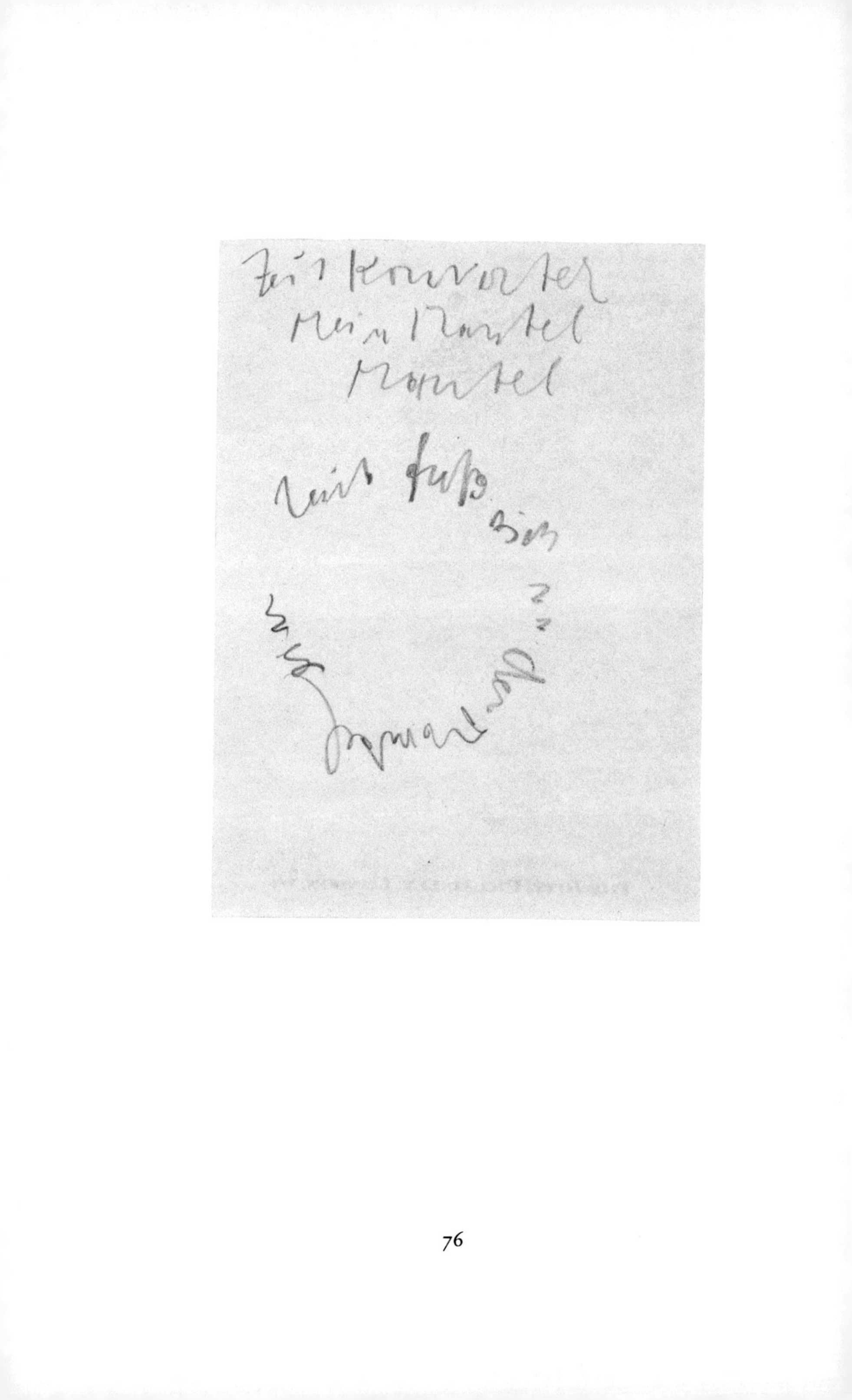

Zeit Konverter
Mein Mantel
Mantel

Zeit Konverter

Mein Mantel

Mantel

Zeit fuß sich in den Mantel ein

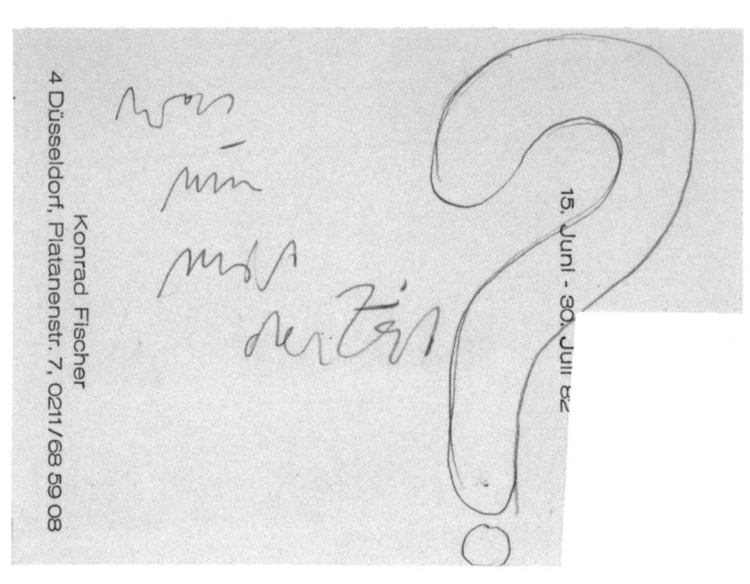
Konrad Fischer
4 Düsseldorf, Platanenstr. 7, 0211/68 59 08
15. Juni - 30. Juli 82

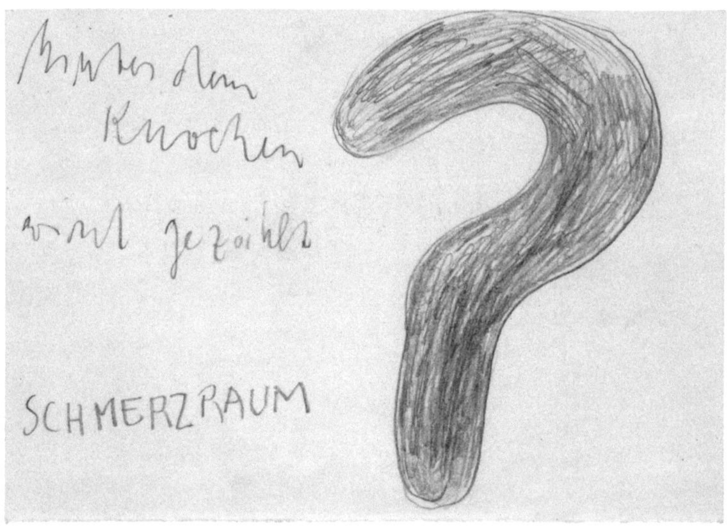
Hinter dem
Knochen
wird gezählt
SCHMERZRAUM

was

nun

mit

der Zeit

hinter dem

Knochen

wird gezählt

SCHMERZRAUM

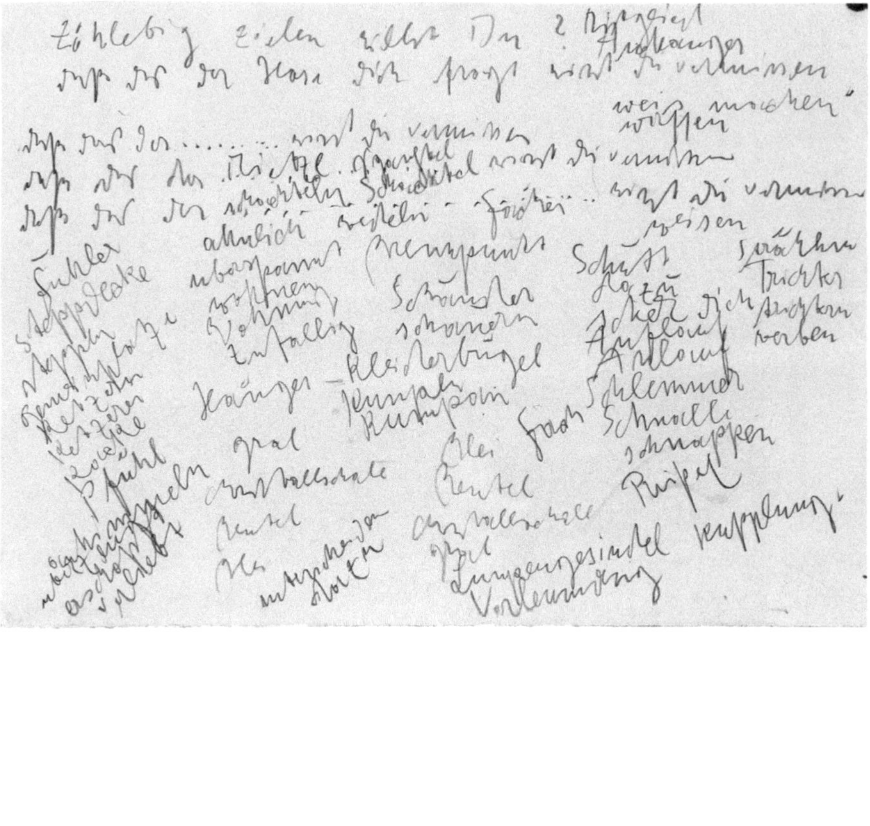

Zählebig zielen willst Du ? Mitglied
Anhänger
daß das der Hase dich fragt wirst du vermissen
weis machen
wirssen
daß das der .... wirst du vermissen
daß das der Mietze Spachtel
daß das der schachteln Schachtel wirst du vermissen
Fühler ähnlich wedeln Fächer wirst du vermissen
Steppdecke überspannt Brennpunkt weisen
steppen wohnen Schutt Sträh[ ]
Gemeinplätze Wohnung Schauder dazu Trichter
Ketzern Zufällig schauern scher dich trichtern
Auflauf werben
Ketzerer Hänger - Kleiderbügel Anlauf
Kacke Kumpen Schlemmer
Pfühl Gral Kumpan Fach Schnalle
Blei schnappen
anhimmeln Christallschale Beutel Rüpel
überzeugt Beutel Christallschale
erschöpft Blei Gral
verliebt unterscheiden Lumpengesindel Kupplung .
dazu Verleumdung

URFT
Thür und die Zimmer
in denen ich gelegen bin
geschlafen habe

i
O
E
A
URFT
THÜR UND DIE

hier ist nichts was zu begreifen wäre
ihr könnt mich nicht einfach
in die Erde kratzen

Ihr sagt die Natur des Menschen sei
für die Revolution nicht geeignet, —
wohlan dann ändern wir also die
menschliche Natur

i
O
E
A
URFT
THÜR

---

i
O
E
A
URFT
THÜR UND DIE ZIMMER
IN DENEN ICH GELEGEN BIN
GESCHLAFEN HABE
HIER IST NICHTS WAS ZU BEGREIFEN WÄRE
IHR KÖNNT MICH NICHT EINFACH IN DIE ERDE
KRATZEN

URFT

Thür und die Zimmer

in denen ich gelegen bin

geschlafen habe

I
O
Ǝ
A
ՈRFT
THÜR UND DIE

hier ist nichts was zu begreifen wäre

ihr könnt mich nicht einfach

in die Erde kratzen

Ihr sagt die Natur des Menschen sei

für die Revolution nicht geeignet , –

wohlan dann ändern wir also die

[ ] menschliche Natur

I
O
Ǝ
A
ՈRFT
THÜR

I
O
Ǝ
A
URFT
THUR UND DIE ZIMMER
IN DENEN ICH GELEGEN BIN
GESCHLAFEN HABE

HIER IST NICHTS WAS ZU BEGREIFEN WÄRE

IHR KÖNNT MICH NICHT EINFACH IN DIE ERDE

KRATZEN

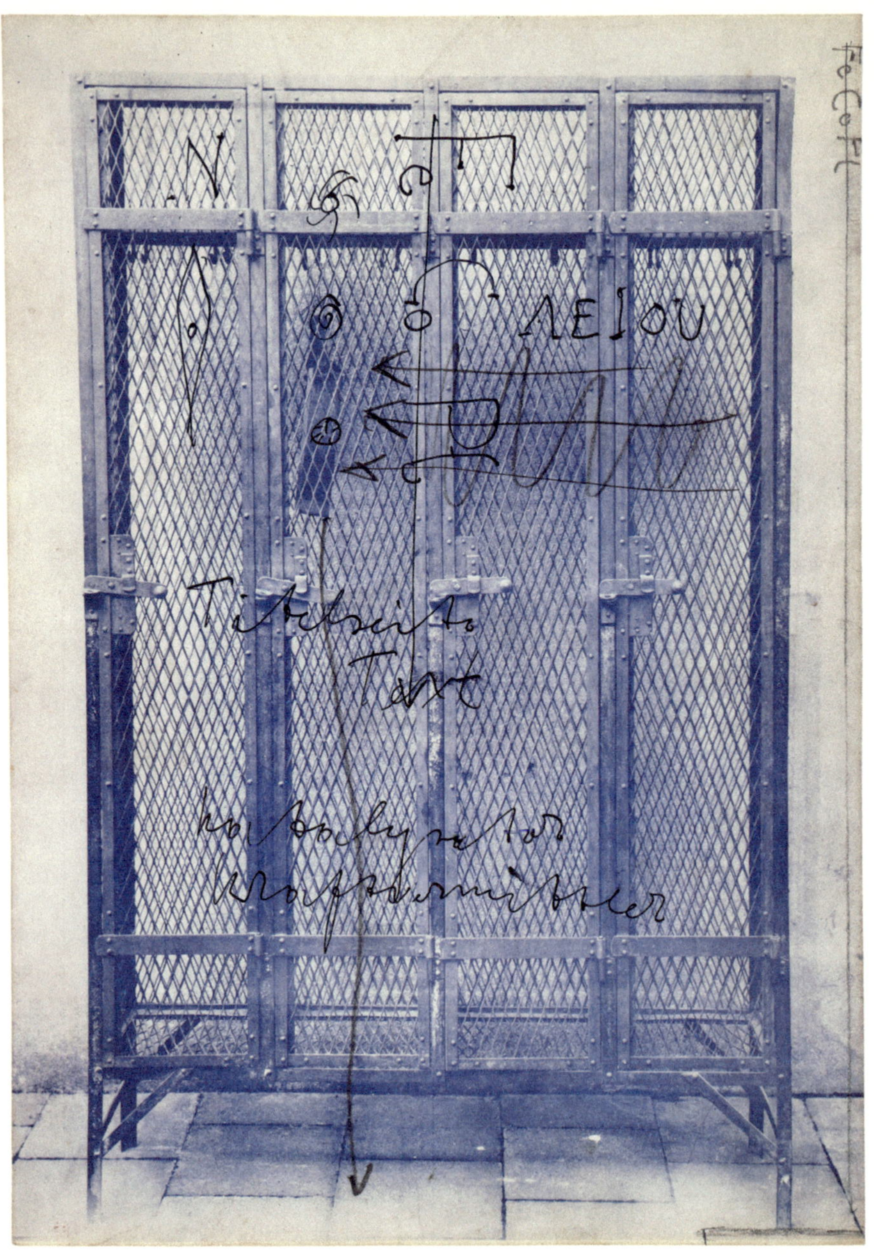
AEIOU
Titelseite
Text
Katalysator
Kraftvermittler

Fe Co Pt

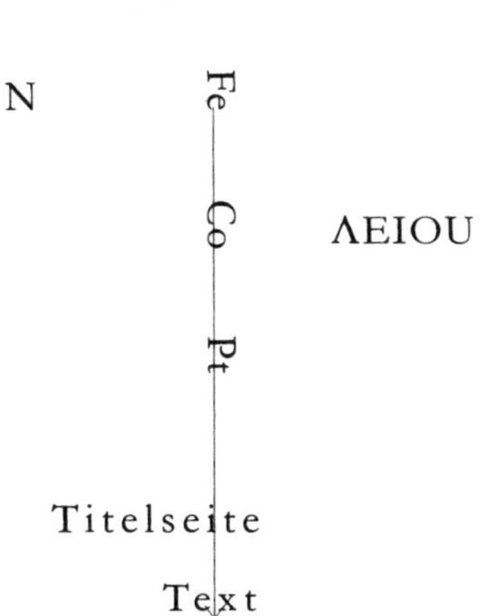

Katalysator

Kraftvermittler

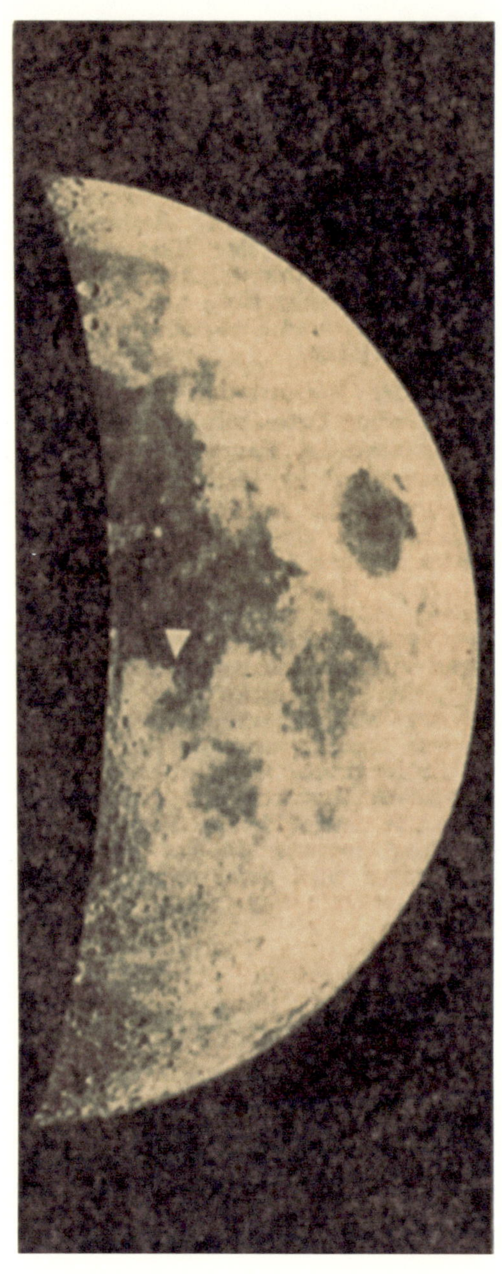

große Brennessel Wolfstrapp Lupine
Baldrian
Karthäusernelke Fingerhut
stinkend. Kamille Beifuß
Wegrauke
Wegwarte große Klette
Karde
Glockenblume, Zimbelkraut Löwenzahn
Schafgarbe Kermesbeere Besenginster
ausdauernd Lein Löffelkraut stinkend. Kamille
Bergbohnenkraut Wiesenwucherblume
Odermennig Barbarakraut Eselsdistel
Wau Quendel
Wermut Weinraute Hundszunge
Sauerampfer Osterluzei Johanniskraut
Hirtentäschel Goldrute Königskerze
Kreuzblättrig Wolfsmilch
knot. Braunwurz Nachtkerze
Habichtskraut. Andorn Rainfarn
Seifenkraut Ehrenpreis
Stechapfel Dost wilde Möhre
Goldregen Mariendistel Ackerstiefmütterchen
Herzgespann Alant
Feldthymian Edelgamander
kanad. Berufskraut Pastinake

große Brennessel Wolfstrapp Lupine
Karthäusernelke Baldrian
strahlenl. Kamille Beifuß Fingerhut
Wegrauke
Wegwarte große Klette Karde
Flockenblume Zitronenmelisse Löwenzahn
Schafgarbe Kermesbeere Besenginster
ausdauernd. Lein Löffelkraut strahlenl. Kamille
Bergbohnenkraut Wiesenwucherblume
Odermennig Barbarakraut Eselsdistel
Wau Quendel
Wermut Weinraute Hundszunge
Sauerampfer Claytonie Johanniskraut
Goldrute Königskerze
Hirtentäschel Kreuzblättrige Wolfsmilch
Habichtskraut knot. Braunwurz Nachtkerze
Andorn Rainfarn
Seifenkraut Dost Haarstrang
Stechapfel Mariendistel wilde Möhre
Ackerstiefmütterchen
Goldregen Herzgespann Alant
Edelgamander
Feld Mannstreu canad. Berufskraut Pastinake

Corneal
mit
Eisen-
glanz

Carneol

mit

Eisen -

glanz

Die Kunst als »Liebhaberei«

senkrecht abgesenkte Schächte

Flint

Sakkara

Ägypt

Zoser

Kobold

Daktyl.

mit Metall

Metallkultur Holz

das Leben der Metallkultur fordert das Leben des Waldes

gegen Völker

Kohle

Eisenerz

Schmiedehandwerk

Planetenmysterien

Kobolden (Planetengötter Daktylen Geister (Zwerge)

Mysterien-Kulte

Kultur

7 Planetenmetalle

Mond Silber

Sonne Gold

Venus Kupfer

Jupiter Zinn

Merkur Quecksilber

Mars Eisen Fe

Blei Saturn

Bronze

Stammes u. Blutsübergreifende Menschheitsgeschichte.

Werkzeug

Gold Silber Mond Fe.

Ob Silber und Gold die Götter ihnen aus Huld oder im Zorn versagt haben weiß ich nicht. Doch möchte ich nicht behaupten, daß keine Ader Germaniens Silber oder Gold enthalte; denn wer hat nachgeforscht.

Die Kunst als „Liebhaberei"

Metallkultur.
Das Leben der Holz
Metallkultur
fordert das Leben
des Waldes
Ende
germ. Völker Kohle
Tiefstteufe
in Attiko
111 Eisenerz

senkrecht abgeteufte Schächte

Flint

Sakkara

Zoser

Ägypt
chald .
assyr
Babyl .

mit Metall

Samothrake
↓
Kabiren (Planetengötter
Daktylen Hüter(Zwerge)

Planetenmysterium

Kultur

Mysterien für alle

7 Planetenmetalle

Mond Silber
Sonne Gold
Venus Kupfer Bronze
Jupiter Zinn
Merkur Quecksilb
Mars Eisen Fe
Blei Saturn

stammes u. Blutsübergreifende
Menschheitsgeschichte.

Werkzeugentwicklung. | Gold Silber
ehern .Fe.

ob Silber und Gold die Götter ihnen aus Huld
im
oder Zorn versagt haben weiß ich nicht. Doch möchte
ich nicht behaupten , daß keine Ader Germaniens
Silber oder Gold enthalte ; denn wer hat nach -
geforscht .

STEIGENBERGER
HOTEL FRANKFURTER HOF

Sehr verehrter Gast,

Leider müssen wir Sie davon in Kenntnis setzen, daß unser telefonisches Selbtswählsystem vorübergehend gestört ist.
Wir bitten Sie, alle Gespräche außer Haus über die Telefonzentrale (9) vermitteln zu lassen.
Vielen Dank für Ihr Verständnis

Generaldirektor

Dear guest,

We are sorry to have to inform you that our automatic dial system is just now subject to repair.
We should ask you to have all your outgoing calls effected via operator (9).
Thank you very much for your kind understanding.

General Manager

Cher client,

Nous regrettons de vous informer que le téléphone automatic est hors de service.
Veuillez bien contacter le standard (9) pour vos appels téléphonique.
Merci bien,

Le Dirceteur Général

Apreciado cliente,

Sentimos mucho informarle, que nuestro telefono automatico está fuera de servicio por algún tiempo.
Le rogamos que haga sus llamadas exteriores por medio de nuestra central telefonica.
Muchas gracias

El Director General

Weg der Metalle

Sterben des niederen Menschen Wachs Sense
Aufersteh " höheren Fett.

Tendenz der Metalle Merkur zu sein
zwischen Mensch u. Mensch
Himmel u. Erde.

Der Hauer Bergmann vor Ort.

Das Problem des Bergbaus ist ein Geistiges

Novalis: Die Frage nach dem "höheren
Bergmann"

Wurst

Ursprung

Planeten
Die Worte sind etwas reales
so real wie die Landschaft.

Wasser leitet aus

Mondenkraft

Chaos

Kiesel + Sauerstoff = Quarz

Sonne

Jupiter Mond
Mars Kiesel Kalk Venus
Saturn Merkur

Tiere

Sommer - Winter
wärme Kälte
Licht - Finsternis
Form - Wachstum

Pflanzen Menschen gemacht

Elektrizität vereckt

Equisetum

Sonnenflecken

Regenbogen

Unkraut
Schädlinge
Pflanzenkrankheiten
Klima

tote Wärme

lebendige Wärme

Sat. Jup. Mars

Sonne

Venus Merkur Mond

Harmonie ←→ kieseliges
dunkel Licht in Sprache

Die Vorhandenheit d. Kraft wirken

man muss nicht darüber reden
sondern machen

sind zu gestalten

Wachstum
Tierzucht
Waldwirtschaft
Gartenwirtschaft
Düngung

geologische Bodenbeschaffenheit
Klimaverhältnisse
Astronomische Aspekte
Die Strömungen seelisch u. phys. Strömungen

toter Stickstoff
lebendiger Stickstoff
Stickstoff, Kohlenst. - Sauerstoff - Wasserstoff
- Schwefel
Kohlenstoff = Stein der Weisen
Träger aller Gestaltungsprozesse in der Natur

Degeneration der Landschaft
des Tieres
der Pflanze
Menschen

Seelisches
Degeneration

Erde

eine kosmisch-irdische Frage

Die Landschaft muss doch leben
auf der Erde möglich

Erde
Wasser Regen, Grundwasser
Luft
Feuer

ganz praktisch
und ganz spirituell

Erde muss das Geistige immer einen physischen Träger haben

Kampf der
Kolisko: Sternenwirkung in Erdenstoffen

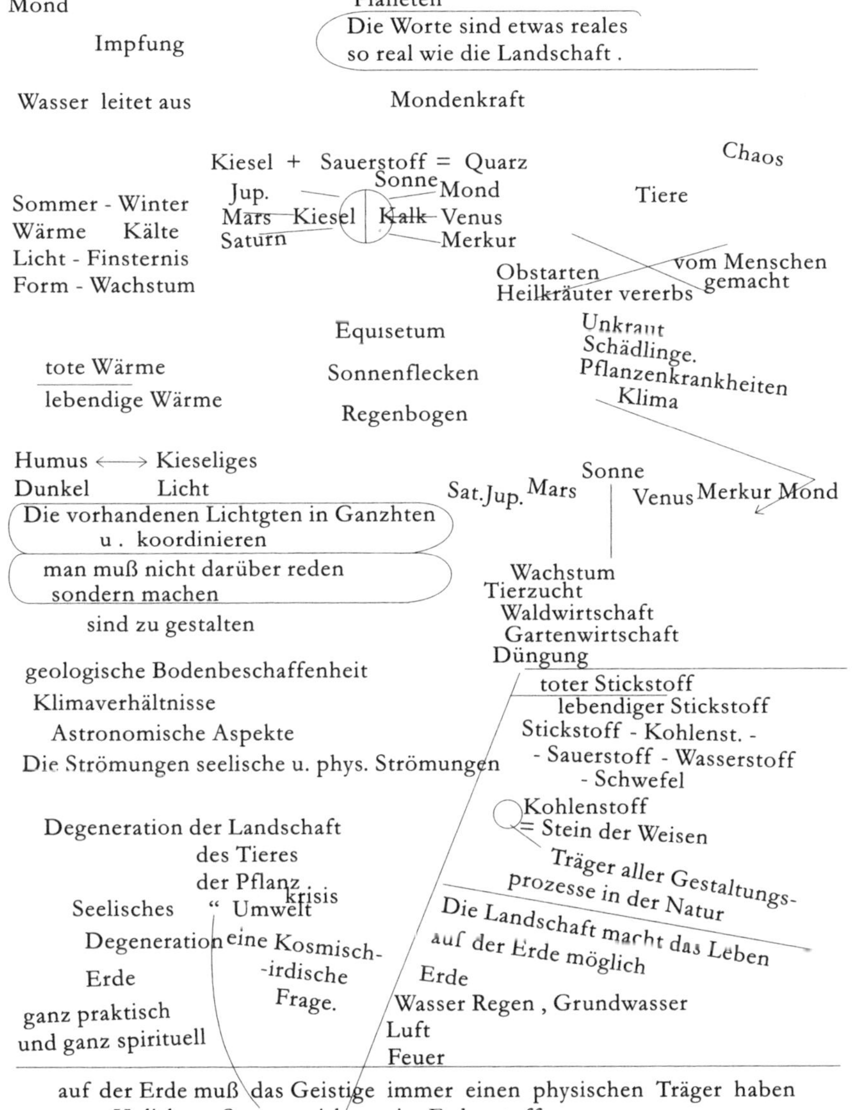

Mond
Impfung
Planeten
Die Worte sind etwas reales
so real wie die Landschaft .
Wasser leitet aus
Mondenkraft
Kiesel + Sauerstoff = Quarz
Chaos
Sommer - Winter
Wärme Kälte
Licht - Finsternis
Form - Wachstum
Jup.
Mars
Saturn
Kiesel
Kalk
Sonne
Mond
Venus
Merkur
Tiere
Obstarten
Heilkräuter vererbs
vom Menschen
gemacht
Unkraut
Schädlinge.
Pflanzenkrankheiten
Klima
tote Wärme
lebendige Wärme
Equisetum
Sonnenflecken
Regenbogen
Humus ⟷ Kieseliges
Dunkel Licht
Sat.Jup. Mars Sonne Venus Merkur Mond
Die vorhandenen Lichtgten in Ganzhten
u . koordinieren
man muß nicht darüber reden
sondern machen
sind zu gestalten
Wachstum
Tierzucht
Waldwirtschaft
Gartenwirtschaft
Düngung
toter Stickstoff
lebendiger Stickstoff
Stickstoff - Kohlenst. -
- Sauerstoff - Wasserstoff
- Schwefel
geologische Bodenbeschaffenheit
Klimaverhältnisse
Astronomische Aspekte
Die Strömungen seelische u. phys. Strömungen
Kohlenstoff
= Stein der Weisen
Träger aller Gestaltungs-
prozesse in der Natur
Degeneration der Landschaft
des Tieres
der Pflanz .
krisis
Seelisches " Umwelt
Degeneration eine Kosmisch-
-irdische
Frage.
Erde
Die Landschaft macht das Leben
auf der Erde möglich
Erde
Wasser Regen , Grundwasser
Luft
Feuer
ganz praktisch
und ganz spirituell
auf der Erde muß das Geistige immer einen physischen Träger haben
Kolisko : Sternenwirkung in Erdenstoffen

2

BLEI gußt.
ZINN m.S.
EISEN
GOLD 7ts
Quecksilb.
Kupfer
Silber s wichtig,

geschw.
u.
Bogen-
graden

392

Klang
glanz
Leitfähigkeit Wärme
Elektrizität

Stahl,

Amalgamier
u. Chlorsoren
u. Cyan
KÖNIGSWASSER Goldchlorid
Salz u. Salpetersäure
Chlor in
statu nascendi

Purp.
gebant. blauend,
gelb blau
grün

Schatzkammern
der Nationalbanken.

+

Geld ist auf
die Basis
der Arbeit
u. Tüchtigkeit aber.
gestellt.

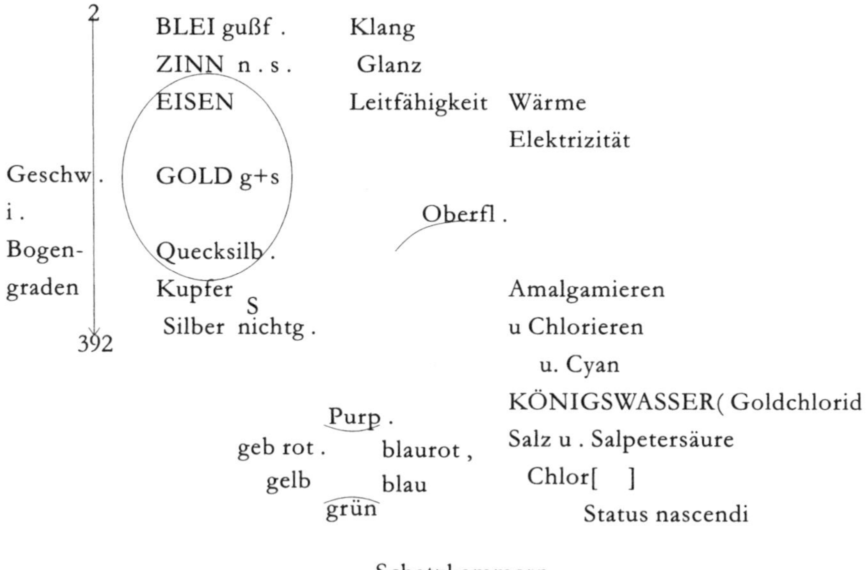

Schatzkammern

Geld ist auf der Nationalbanken.

die Basis

der Arbeit

u . Tüchtigkeit aber .

gestellt .

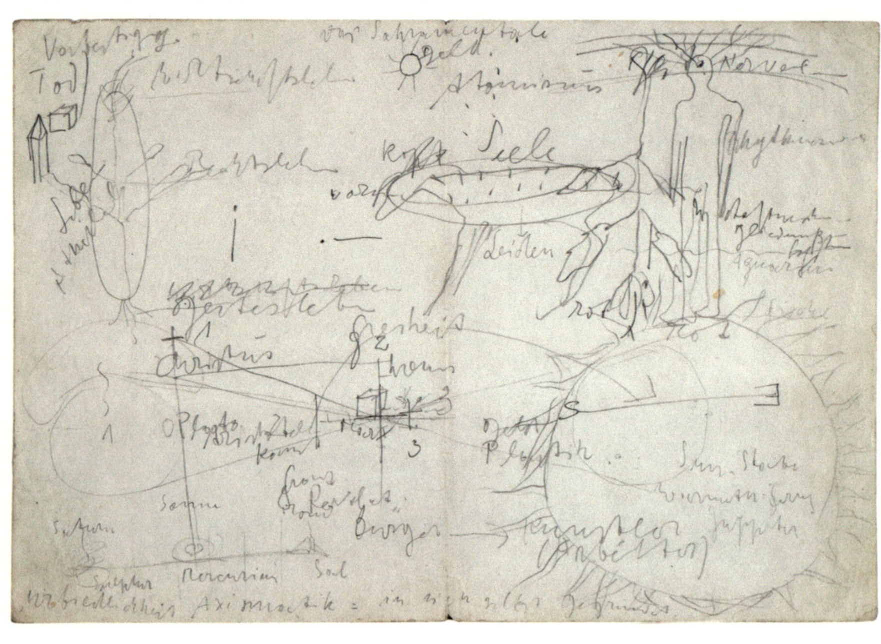
Tod
Seele
Leiden
Christus
Plastik
Sonne

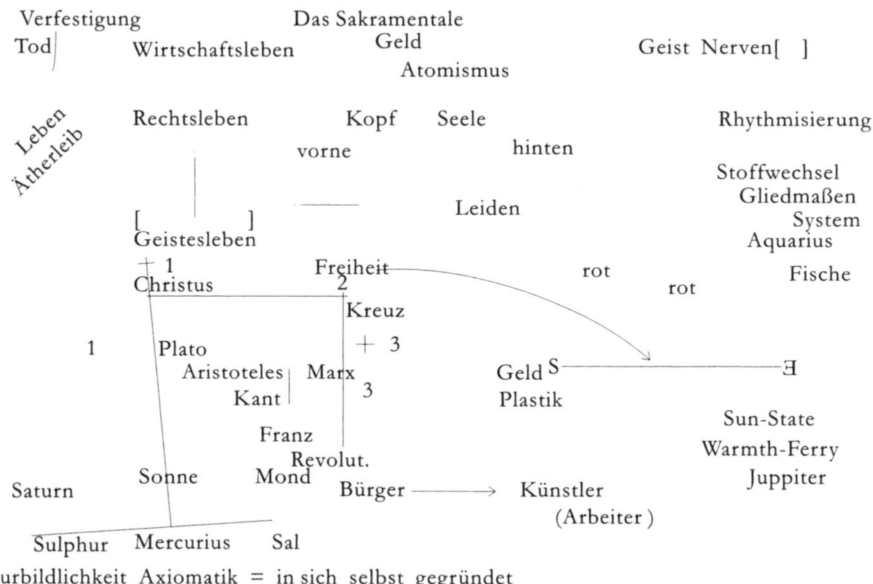
Verfestigung
Das Sakramentale
Tod
Wirtschaftsleben
Geld
Atomismus
Geist Nerven[ ]
Leben
Ätherleib
Rechtsleben
Kopf
Seele
Rhythmisierung
vorne
hinten
Stoffwechsel
Gliedmaßen
System
Leiden
[ ]
Geistesleben
Aquarius
+ 1
Christus
Freiheit
2
rot
rot
Fische
Kreuz
+ 3
1
Plato
Aristoteles
Kant
Marx
3
Geld
Plastik
S
E
Sun-State
Warmth-Ferry
Juppiter
Franz
Revolut.
Saturn
Sonne
Mond
Bürger
Künstler
(Arbeiter)
Sulphur
Mercurius
Sal
urbildlichkeit Axiomatik = in sich selbst gegründet

SIE KÖNNEN DAMPF MACHEN

HF HWF LEERKUCHEN

VERLAG GIERSEN & CO. DUESSELDORF

WHF öö whhf Eingeborener (FOND)

whf

whhf

WHHFreimacher WHHFreimacher

H

ODEMER

HAUCHER

materialisch Kuchen und Bocchofenbläsung

UKmBL V UKmBLF

HERAUSGEGEBEN VOM AKADEMIEDIREKTOR PROF. H. KAMPS

GRÖNLANDER LABRADORATOM

KÖNIGFOND

NEGENTROPISCHER KUCHEN (TOPF)

1948 - 1950

FOND UKmBLF

ZUVIEL SOGAR (NUR) DAS FÜR DIES

NEUE MAASSEINHEIT

DEHNUNGSMETER

AUSDEHNUNG

DEHNUNG/SMAASS

VERDICHTETER GRÖNLÄNDER

FORTSCHÜTTELKUCHEN

WEGSCHÜTTELN

DUESSELDORF

JAHRBUCH DER STAATLICHEN KUNSTAKADEMIE

EINGEBORENES PLASTISCHES GRUNDMAASS MAASS

PLASTISCHES URMETER

SIE KÖNNEN DAMPF MACHEN

HF HWF LEERKUCHEN

öö whhf Eingeborener (FOND)

WHF whf

w whhf WHHFreimacher

WHHFreimacher

H

ODEMER

HAUCHER

Kuchen

unterirdischer mit

Backofenlüftung

UKmBL V UKmBLF

GRÖNLANDER LABRADORATOR

KÖNIGFOND TOPF

NEGENTROPISCHER KUCHEN

NUR

ZUVIEL SOGAR DAS FÜR DIES

NEUE MAASSEINHEIT

AUSDEHNUNG

DEHNUNG SMAASS

FOND UKmBLF

DEHNUNGSMETER

VERDICHTETER GRÖNLÄNDER

FORTSCHÜTTELKUCHEN

WEGSCHÜTTELN

GRUNDMAASS

EINGEBORENES PLASTISCHES MAASS

PLASTISCHES URMETER

der Mensch
= der Übersetzer,
Fährmann, Lotse.

Übersetzungsmaschine

der lebende Dolmetscher ist also kein Mittel,
sondern er hat Mittel

Mittelwellenübertragung
Ultrakurzwellenübertragung

die Natur als Ausdrucksmittel oder die
Sprache der Natur

die Natur spricht durch den Menschen
→ zum Menschen
weil der Mensch auch ein Teil der Natur ist.
Antinatur = der Mensch

Bildekräfte,
geistige → Natur als Ausdrucksmittel — Wahrnehmung → Begriffsbildung
Wesenheiten   Ideenbildung
                                                          durch den
                                                          Menschen
Denken

Mensch sieht Farben
Töne
als einartiges Gesichte
festes flüssiges weiches   Licht u. Schwere

Der Mensch

= der κυβερνητης,

Fährmann, Lotse.

Übersetzungsmaschine

Der lebende Dolmetscher ist also kein Mittel,
sondern er hat Mittel

Mittelwellenübertragung
Ultrakurzwellenübertragung

Die Natur als Ausdrucksmittel oder die
Sprache der Natur

Die Natur spricht durch den Menschen
→ zum Menschen
weil der Mensch auch ein Teil der Natur ist.
Antinatur = der Mensch

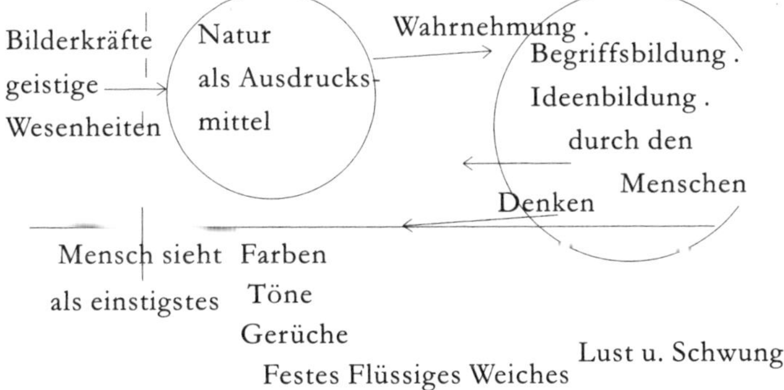

Luft
Wasser
Meere
Flüsse
MENSCH
Steuerzahler
Mineralien
Lehrer
Redakteure
Erde
Schüler
Journalisten
Tiere
Eltern
Mieter
Pflanzen
Frauen
soz. Wohnungsbau
ausl. Mitbürger
Kinder
Rentner (Altrentner)
Jugendliche
Kranken
Hausbesetzer
Kriegsdienstverweigerer
Alte
Behinderten
Arbeiter
Sexuell Diskriminierten
Arbeitslose
d. sich polit. betätigen
Streikende Arbeiter
Hausfrau tätigen
Studenten
Soldaten
Lehrlinge
Fußgänger, Radfahrer
Berufsverbot Betroffenen

Luft Meere MENSCH

Wasser Flüsse Steuerzahler

Mineralien Lehrer Redakteure

Erde Schüler Journalisten

Tiere Eltern Mieter

soz. Wohnung
bau

Pflanzen Frauen

ausl. Mitbürger

Kinder Rentner (Altrentner)

Jugendliche Kranken Hausbesetzer

Kriegsdienst-
verweigerer

Alte Behinderten

Arbeiter sexuell Diskriminiert

Arbeitslose d.d.sich polit. betätigen

Streikende Arbeiter " " Haushalt Tätigen

Studenten Soldaten

Lehrlinge Fußgänger, Radfahrer

Berufsverbotbetroffenen

new cross

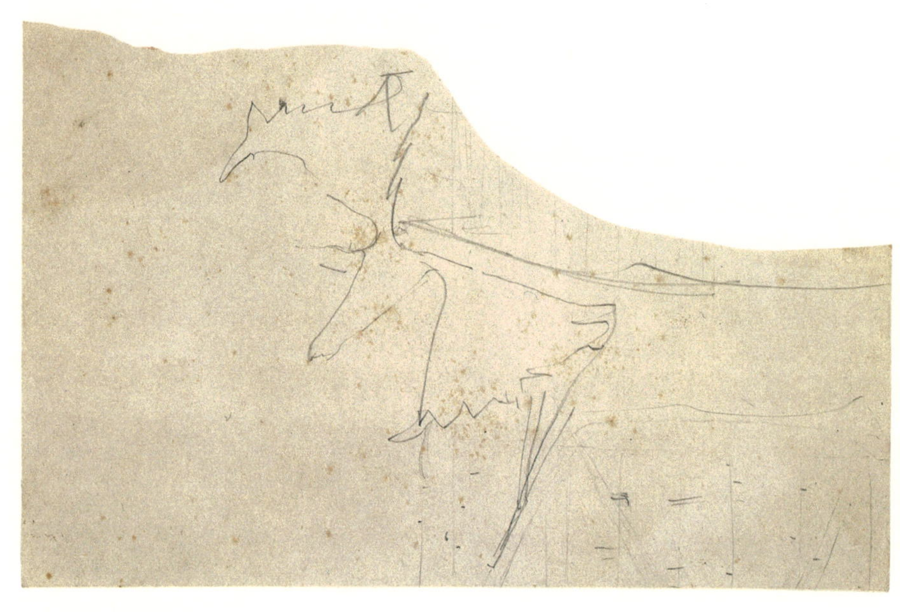

C h r i s t u s

J e s u s

hence | narratives

omission

hagiological legends

otherwise

gods and demons

angels and saints

and treats each cult with the

same impersonal courtesy

awkward questions

who made the world?

how will it end?

where do souls go after death?

necessarily graphic and positive

incidentally on their

priesthoods

hence / narrativees
omission /
hagiological legends
otherwise
gods and demons
angels and saints
and treats each cult with the
same impersonal courtesy

awkward questions
„who made the world ?
how will it end ?
where do souls go after death ?
necessarily graphic and positive

incidentally on their
priesthoods

zwi Ah von epitheton

Duns Scotus
Doktor subtilis
William Occam
Doktor singularis
Roger Bacco
Doktor mirabilis

J. B.
Doktor
irresistibilis

~~re-examine~~ ~~to alter~~
premises
~~to adapt~~
~~to adopt.~~ ~~to belie~~
willy-nilly

[

]

with an epitheton

Duns Scotus

Doktor subtilis

William Occam

Doktor singularis

Roger Baco

Doktor mirabilis

J . B :

Doktor

irresistibilis -

[ ] [ ]

premises

[

]

whilly-nilly

die theoretischen Fragen
oder Probleme,
die praktischen Taten,

religiöse Betätigung
u. kunsthistorische
wirkt bis in den
Alltag

Der totale Organismus einer
Ökonomie

instinktiv ein bewußter
u. ganz erkannter

Wurzel der Krise. Ohnmacht des
Geistes lebens

[illegible] heißt: die Phänomene
welcher Bereiche auch immer mit
wesensgemäß zu Begriffen Ausdruck zu
kommen

Die theoretischen Fragen
oder Probleme,

Die praktischen Taten,

religiöse Betätigung

u. künstlerische

wirkt bis in den
Ätherleib

Der soziale Organismus
Ökonomie .

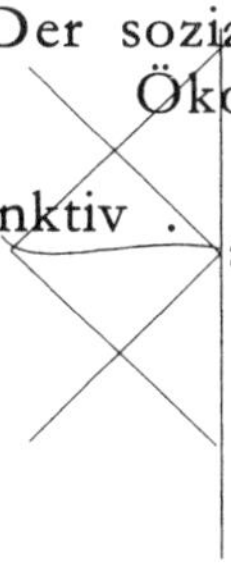

instinktiv . aus bewußter
Wesenserkenntnis

Wurzel der Krise Ohnmacht des
Geisteslebens

Lehrer sein heißt : Die Phänomene
welcher Bereiche auch immer mit
wesensgemäßen Begriffen beschreiben
können

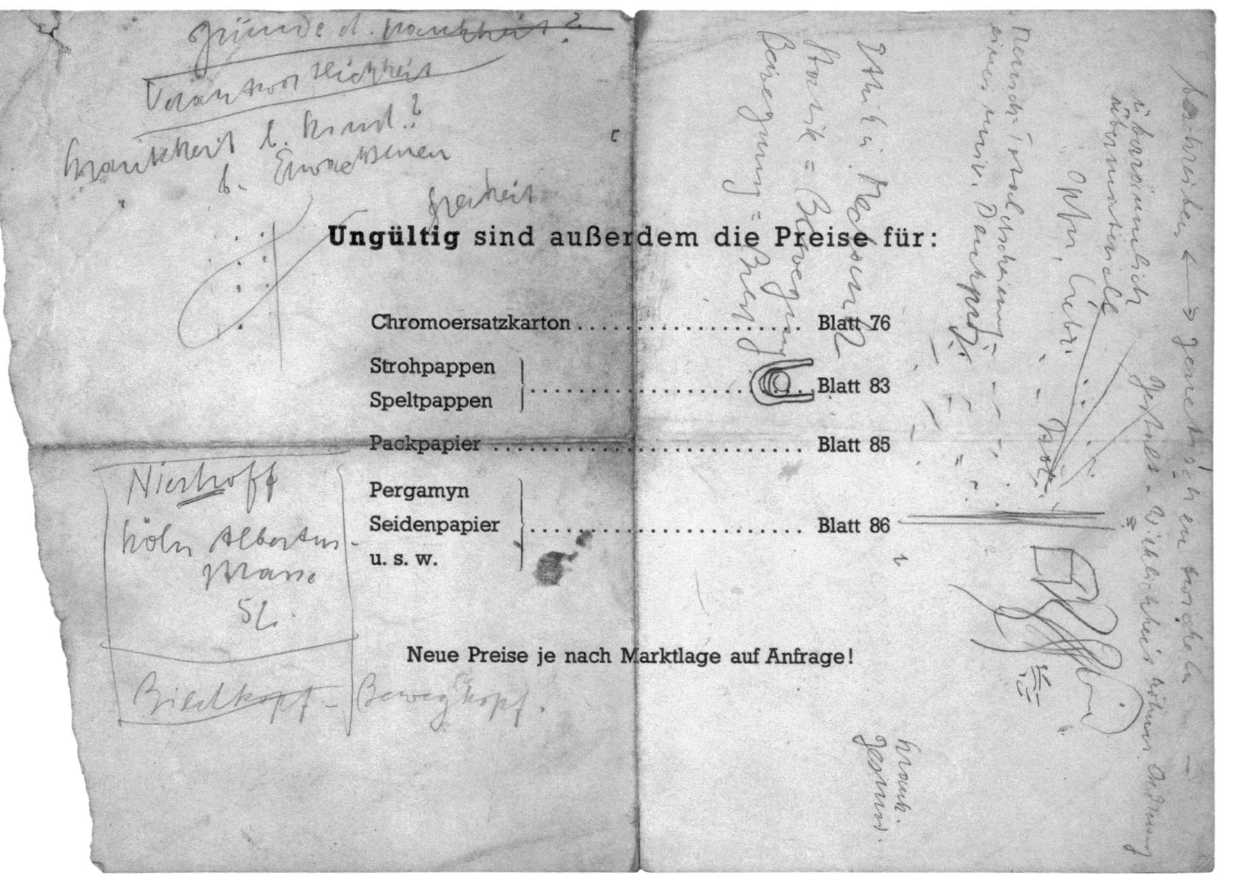

Ungültig sind außerdem die Preise für:

Chromoersatzkarton . . . . Blatt 76

Strohpappen }
Speltpappen } . . . . Blatt 83

Packpapier . . . . Blatt 85

Pergamyn }
Seidenpapier }
u. s. w. } . . . . Blatt 86

Neue Preise je nach Marktlage auf Anfrage!

beschreiben ⟷ genetisch entwickeln

Gestalt = Wirklichkeit höherer Ordnung

überräumlich
übermateriell

Opfer , Liebe

Isol

Mensch=Totalerscheinung
eines univ . Denkproz .

krank .
gesund .

Ethik u . Mechanik

Statik = Bewegung

Bewegung = Bild

Gründe d . Krankheit ?

Verantwortlichkeit

Krankheit b . Kind. ?
" b . Erwachsenen

Freiheit

Bildkopf - Bewegkopf .

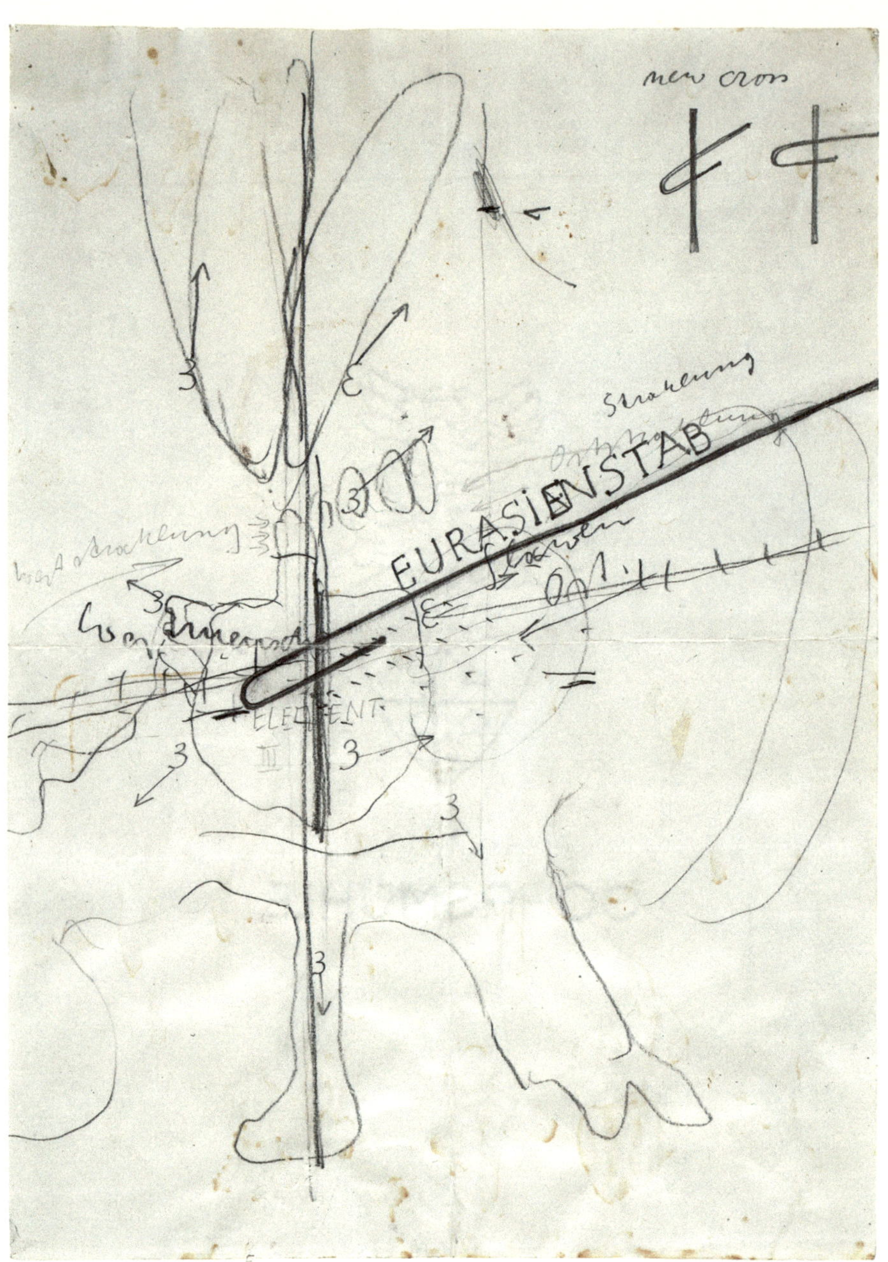
new cross
Strahlung
EURASIENSTAB
ELEMENT
III

new cross

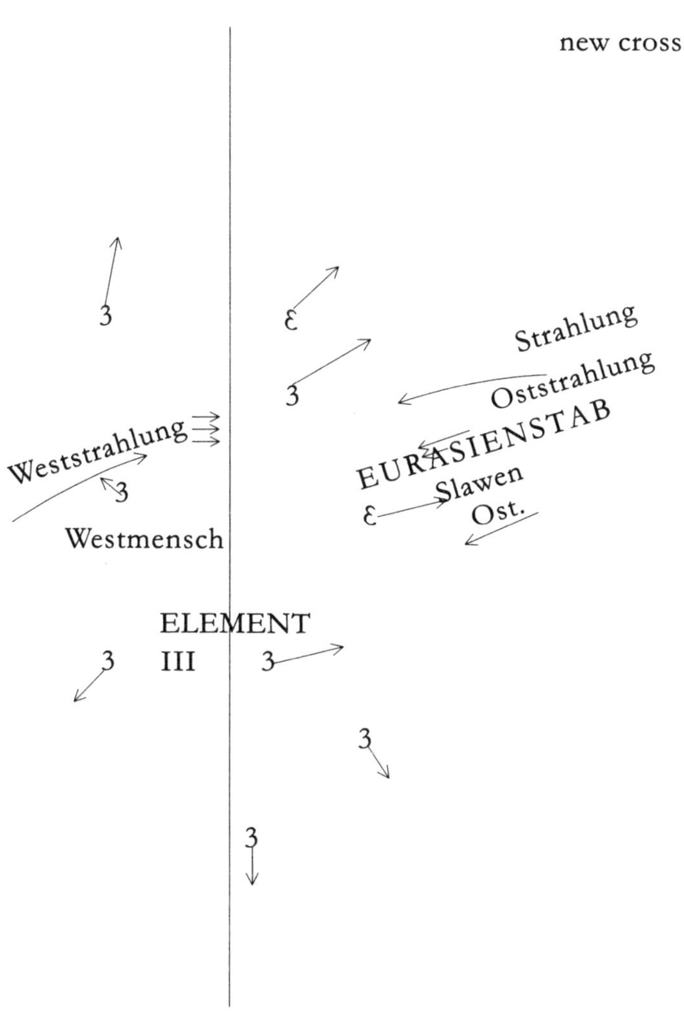
3
ε
3
Strahlung
Oststrahlung
EURASIENSTAB
Weststrahlung
3
Slawen
ε
Ost.
Westmensch
ELEMENT
3
III
3
3
3

B. nicht äußerst. Jemacht das ...... als
Sie gerade ihre Wortgruppe sprachen würde
gerade ihre ~~[illegible]~~ Ätherfigur sie sich bei Ihnen
selbst so groß sie stärker pulsierte weil
Sie durch ihre Sprache eine Plastik ~~gemacht~~
gemacht haben (Sprechen = Plastik).
Diese wirkte zurück auf die Ätherfigur die
sie immer mit sich herumtragen eine
Produktion des göttlichen Plastikers ihr ganzes Leben,
die sich im Selbst wegschafft und immer wieder
neu anschafft. ~~[illegible]~~ ~~[illegible]~~ das sich
aber nur (schön) entwickelt wenn Sie selbst
Plastiker werden. Menschlicher Plastiker gegen
göttlicher Plastiker Cooperative.
Genetik. Schwellenzeichen. Spiral, organisierende
Lebenskraft. das WORT.
Man würde Ihnen direkt empfehlen, ihren
nächsten wissenschaftlichen Abriss etwa den
Schrecken oder ohne Titel zu nennen wobei
Sie einige Erfahrungen von Belang bezeugen
Ihrer Ä machen würden wenn Sie ihr
Bewusstsein darauf setzen. Zusätzlich
zu tanzen ist wohl eine Zumutung, aber
es wäre gut, es wäre gut ....
vorzugeben ~~etwa~~ die Ätherschwanenfigur.

B . nicht unflott ... Zunächst das .... als
Sie gerade ihre Märtyrerin sprachen veränderte
[ ] sie sich bei Ihnen
selbst so daß sie stärker pulsierte weil
sie durch ihre Sprache eine Plastik [ ]
gemacht haben (Sprechen = Plastik) .
Diese wirkte zurück auf die Ätherfigur die
sie immer mit sich herumtragen eine
ganzes
Produktion V des göttlichen Plastikers ihr Leben ,
immer
die sich selbst wegschafft und immer wieder
neu anschafft . [ ] das sich
aber nur (schön) entwickelt wenn Sie selbst
Plastiker werden . Menschlicher Plastiker gegen
göttlicher Plastiker Cooperative .
Genetik . Schwellenzeichen . Spiral . organisierende
Lebenskraft . das WORT .
Man müsste Ihnen direkt empfehlen ihren
nächsten wissenschaftlichen Abriss etwa den
Schrecken oder ohne Titel zu singen wobei
Sie einige Erfahrungen von Belang bezüglich
ihrer Ä machen würden wenn Sie ihr
Bewusstsein darauf richten . Zusätzlich
zu tanzen ist wohl eine Zumutung , . aber
es wäre gut , es wäre gut ....
vorzüglich
[ ] die Ätherschwanenfigur .

noch zusätzlich sagen ist
wohl eine Zumutung, aber es
wäre gut.

noch zusätzlich tanzen ist
wohl eine Zumutung aber es
wäre gut .

Di Kunst soll ... ??
DIE KUNST ~~KANN~~

GLAUBE HOFFNUNG LIEBE

SÄKULARISIERUNG

Möglichkeiten

Schwelle

– Aktivität d. Betrachters

Koch Ingol
1859

R
1879

Zeit

Zeit

Sohn

Die Malerei.
ist nicht
erf u.
Wohnungen
auszuschmücken
sondern eine
Waffe gegen
z
den Feind.

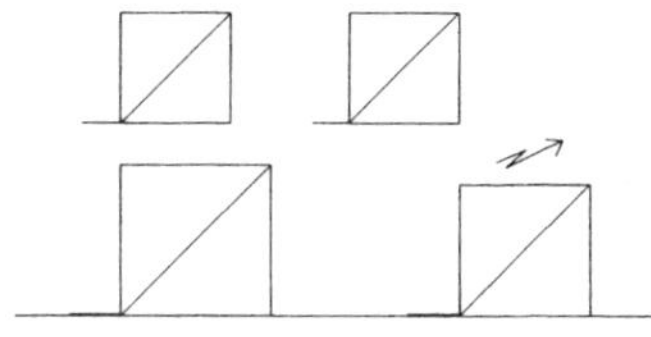

Die Kunst soll ···   ??

DIE KUNST KANN

GLAUBE   HOFFNUNG   LIEBE

SÄKULARISIERUNG Wortes

7 Möglichkeiten

jens . d . Schwelle

⟶ Weg nach Innen
v . d . Aussen -
erschliessung
zum Kern

– D. Schönh d. Belanglos-

– D. Prozess En

– Grenzerweiterung

– Aktivität d . Betrachters

– Schöpfung aus d. Nichts

wenden ⟹

Zeit .   Zeit

Raum → Zeit   Vater — Sohn

Kali Juga
1898
Michael ·
R G
1879

siehe ich
macht
alles
neu.

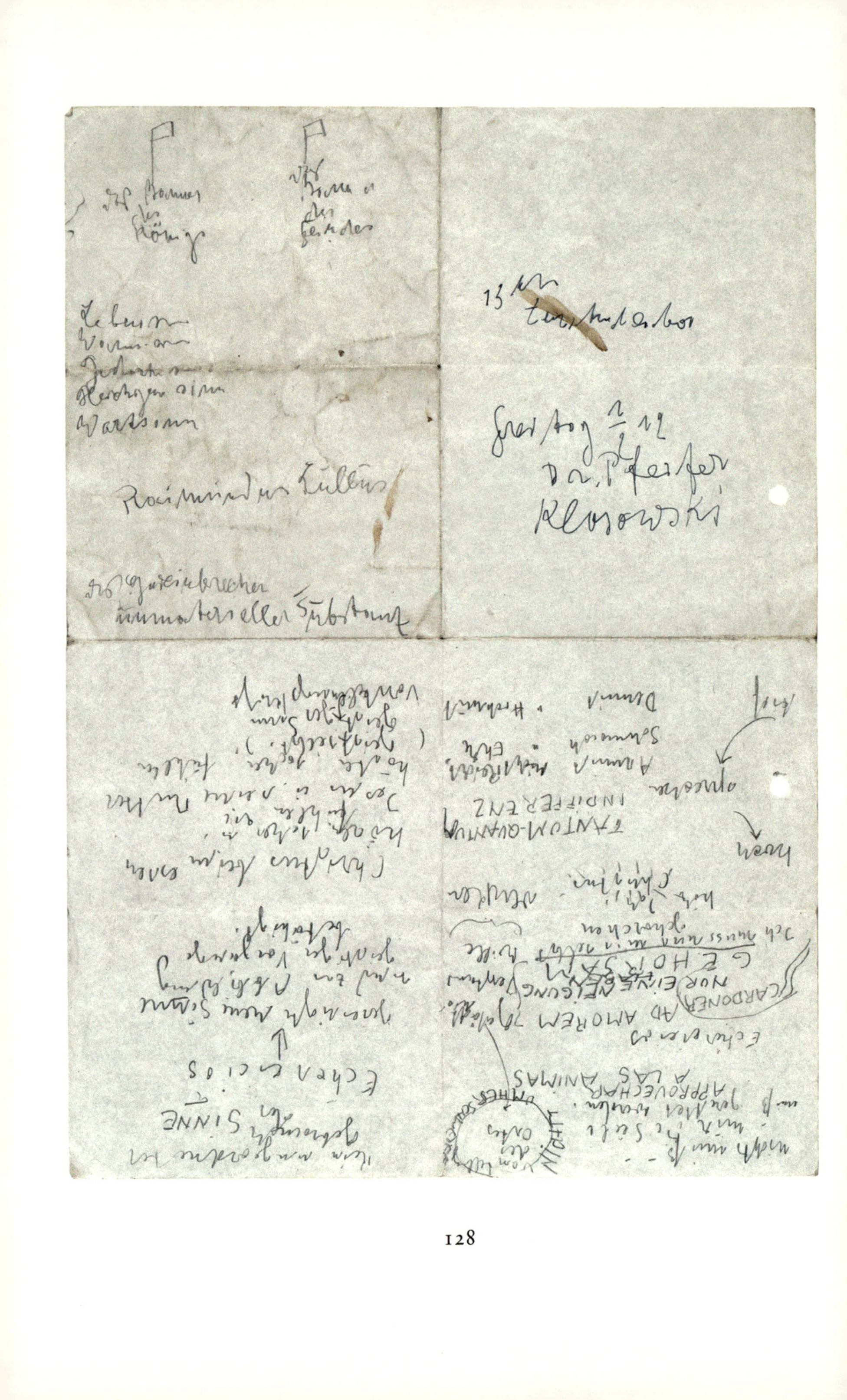

Die Banner des Königs

Die Banner des Feindes

Freitag 1/2 12

Dr. Pfeiffer

Klossowski

Das Banner
des
Königs

Das
Banner
des
Feindes

[

Leben sinn
Wärme-sinn
Gedanke sinn
Gleichgew sinn
Wortsinn

Raimundus Lullus

]

Das Hereinbrechen
immaterieller Substanz

Kein ungeordneter
Gebrauch
der SINNE

Echercicios

gereinigte neue Sinne
sind zu Abbildung
geistiger Vorgänge
befähigt.

Christus beim essen
hören sehen u.
fühlen wie
Jesus u. seine Mutter
hörten, sahen, fühlten
(Geistselbst.)
Geistiger Sinn
Vorstellungskraft

Vorstellung
des
Ortes
NICHTUMHERSCHWEIFEN

nichts muß - -
- nur die Seele
muß gerettet werden.
APPROVECHAR
A LAS ANIMAS

Echercicios
AD AMOREM
CARDONER
NUR EINE NEIGUNG
HABEN
GEHORSAM
Ich muss nur mir selbst
gehorchen

Gedächt
nis
Verstand
Wille
Denken

höher Ich
Christus

hoch
sprechen
tief

TANTUM-QUANTUM
INDIFFERENZ

Armut nicht Reicht.
Schmach " Ehre

Demut " Hochmut

Kräfte des Willens: Kräfte der Bewegung Kräfte der Form 4 Liebe

WO DU BIST SEI ALLES IMMER KINDLICH
SO BIST DU ALLES
BIST UNÜBERWINDLICH

FREIES AUSWÄRTIGES AMT
SCHATTENKABINETT
ZWEITE KAMMER

UNPRODUKTIV —————— LIEBE

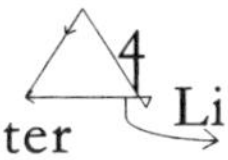

Geister des Willens . Geister der Bewegung Geister der Form → Liebe

WO DU BIST SEI ALLES IMMER KINDLICH

SO BIST DU ALLES

BIST UNÜBERWINDLICH

FREIES AUSWÄRTIGES AMT

SCHATTENKABINETT

ZWEITE KAMMER

UNPRODUKTIV ——————— LIEBE

wo du bist, sei alles immer kindlich
so bist du alles
bist unüberwindlich | Gemeinsame Menschheitsmission

Volkstum Selbsterkenntnis
sei in allem kindlich des Volkstums
sei unüberwindlich.

es gehört guter Wille

ein Engel hat mich nach Kleve gebracht.

1 höhere
Med
Ast
Phys.

Begriff = Volk definieren

4

4

4

Licht

D die
I Er Erfassung
des ... fremden
setzt

Geister der Bewegung

die 3 Heiz zu 4 Heiz machen

vorausgesetzt

Geister der Form

4

B

B Geister des Willens

~~gleichgewicht~~ 2

Liebe

Planet der ♡ Liebe

ein Volk ist keine Rasse

Geister der Form
= Geister der Liebe

sie rochen das Blut
auf der Stätte
und sie lachten.

Materialismus
Idealismus

ein getrennter
später Sinn
der wandelt
sich zum Lichte
hin.

Umgang der Erde mit innerem
gleichgewicht
selbstbewusstsein

die Freiheit und das Böse
Luzifer

wo du bist , sei alles immer kindlich
so bist du alles
bist unüberwindlich | gemeinsame Menschheitsmission

Volkstum Selbsterkenntnis
sei überall kindlich des Volkstums
sei unüberwindlich .

n höhere es gehört guter Wille
nied ein Engel hat mich nach Kleve gebracht .
Ast Begriff→Volk definieren
Phys .
D Die
Er Erfassung
des fre f fr
fremden vo v r
setzt voraus
B B
Be

Geister der Bewegung
Licht
Geister
der Form
die 3 Heit zur 4 Heit machen
Liebe
Geister des Willens
~~Gleichgewicht~~

n

Ein Volk ist keine Rasse
Geister der Form
= Geister der Liebe

Planet der Liebe

sie sahen das Blut
auf der Stätte
und sie lachten .

Materialismus
Idealismus

ein getreuer
steter Sinn ,
der wandelt
licht zum Lichte
hin.

Düngung der ~~Erde~~ mit innerem
Gleichgewicht
Selbstbewußtsein

Die Freiheit und das Böse
Luzifer

NUR DIESES IST KUNST
DENN MENSCHENGEMÄSSE KUNST
MUSS DOCH 1. DIE ZERSTÖRUNG DES
MENSCHENGEMÄSSEN VERHINDERN
2. DAS MENSCHENGEMÄSSE
AUFBAUEN
NUR DAS IST KUNST UND SONST
GARNICHTS

NUR DIESES IST KUNST
DENN MENSCHENGEMÄSSE KUNST
MUSS DOCH 1. DIE ZERSTÖRUNG DES
MENSCHENGEMÄSSEN VERHINDERN
2. DAS MENSCHENGEMÄSSE
AUFBAUEN
NUR DAS IST KUNST UND SONST
GARNICHTS

mit dem Ende der Modernen Kunst
beginnt für mich die Kunst erst;
mit dem Ende der Modernen Kunst
stirbt nicht die Kunst, sondern
sie wird erst geboren, oder dann
handelt es sich um einen ~~ge~~ gewandelten
Kunstbegriff.
Es ist ein ~~ein~~ anthropologischer Kunstbegriff:
dann ist jeder Mensch ein Künstler.

Kunst nur ist dann der Begriff für ~~alle~~ die
gesellschaftliche Freiheit, aber sie sollte
nicht nur Begriff ~~sein~~ sondern ein
konkretes Mittel ~~zur~~ zur Veränderung
der ~~Kraft~~felder ~~der Gesellschaft~~ sein
die in der Gesellschaft wirken

Kunst ist dann der Begriff für die
gesellschaftliche Freiheit, aber sie sollte
nicht nur Begriff sondern ein konkretes
Mittel zur Veränderung der Kraftfelder
sein, die in der Gesellschaft wirken

20 15/3.P. 17. Oktob.

mit dem Ende der Modernen Kunst
beginnt für mich die Kunst erst,
mit dem Ende der Modernen Kunst
stirbt nicht die Kunst , sondern
sie wird erst geboren - , aber dann
handelt es sich um einen [ ] gewandelten
Kunstbegriff.
Es ist ein anthropologischer Kunstbegriff:
dann ist jeder Mensch ein Künstler.

Kunst ist dann der Begriff für [die]
gesellschaftliche Freiheit, aber sie sollte
nicht nur Begriff [ ] sondern ein
konkretes Mittel zur Veränderung
der Kraftfelder [ ] sein
die in der Gesellschaft wirken.

Kunst ist dann der Begriff für die
gesellschaftliche Freiheit, aber sie sollte
nicht nur Begriff sondern ein konkretes
Mittel zur Veränderung der Kraftfelder
sein, die in der Gesellschaft wirken.

[ ]

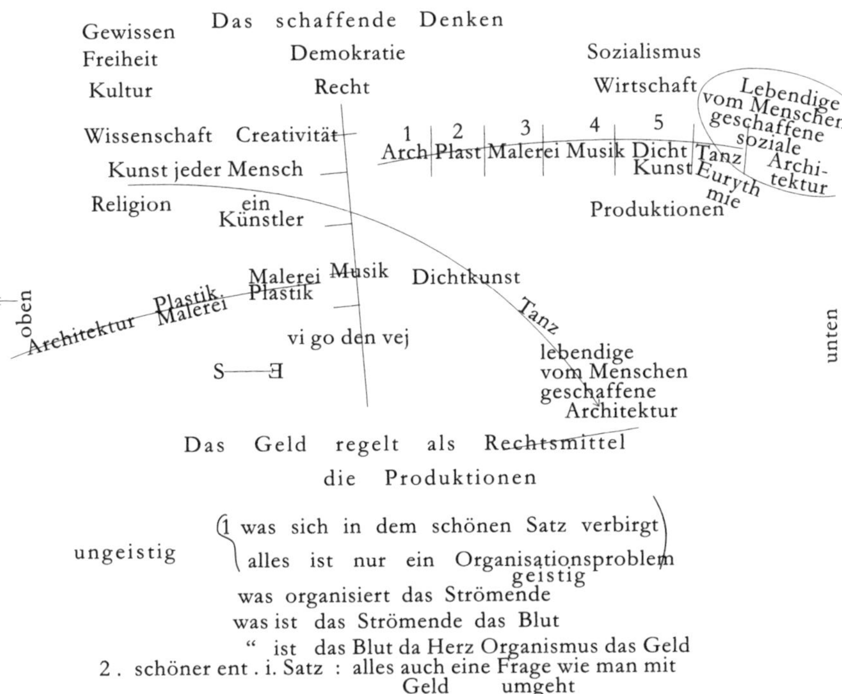
Das schaffende Denken
Gewissen
Freiheit
Kultur
Demokratie
Recht
Sozialismus
Wirtschaft
Lebendige vom Menschen geschaffene soziale Architektur
Wissenschaft
Creativität
1 2 3 4 5
Arch Plast Malerei Musik Dicht Kunst Tanz Eurythmie
Kunst jeder Mensch ein Künstler
Religion
Produktionen
Malerei Musik Dichtkunst
Plastik
oben
Architektur Plastik Malerei
Tanz
unten
vi go den vej
lebendige vom Menschen geschaffene Architektur
S——Ǝ
Das Geld regelt als Rechtsmittel
die Produktionen
ungeistig
1 was sich in dem schönen Satz verbirgt
alles ist nur ein Organisationsproblem
geistig
was organisiert das Strömende
was ist das Strömende das Blut
" ist das Blut da Herz Organismus das Geld
2. schöner ent. i. Satz : alles auch eine Frage wie man mit Geld umgeht

Denken

WELTINHALT

BEGRIFF IDEE
GESETZMÄSSIGKEIT

ohne Denken
unmittelbar
gegeben

ARBEIT FÜR ANDERE
FEHLER OPFER
FLAMME
WÄRME

SPANNUNG
WIDERSTAND —
AHRIMAN

STROM
LUZIFER
MORALISCHE
PHANTASIE
IMPLOSION NATÜRLICHE
MENSCHLICHE IMPLOSION

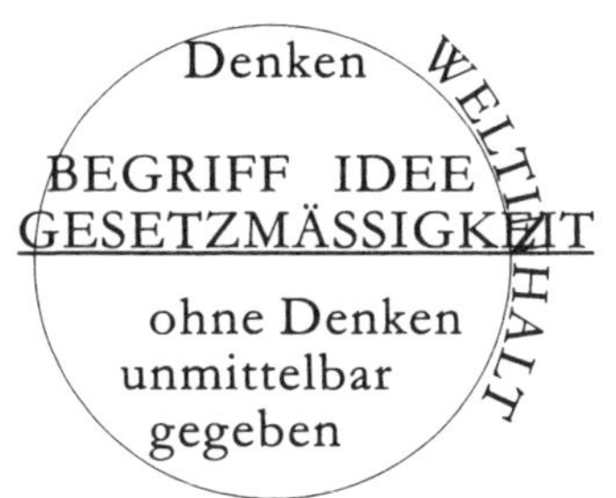

ARBEIT FÜR ANDERE

FEHLER OPFER

FLAMME

WÄRME

WIDERSTAND — SPANNUNG

AHRIMAN

STROM

LUZIFER

MORALISCHE

PHANTASIE

IMPLOSION NATÜRLICHE

MENSCHLICHE IMPLOSION

DER INSULARE (ISOLIERTE) CHARAKTER DER KULTUR

KEINE BRÜCKE VON EINEM SOLCHEN HIN ZU DEM WAS DIE MENSCHEN IN DIE ALLTÄGLICHKEIT EINSPANNT.

•

DIE GEGENSTÄNDE DES EIGENTUMS WERDEN IN DEN FLUSS DES SOZIALEN LEBENS GEBRACHT DER EINZELNE KANN SIE NICHT ZUM SCHADEN DER ALLGEMEINHEIT VERWALTEN ABER AUCH DIE ALLGEMEINHEIT WIRD SIE NICHT ZUM SCHADEN DER ~~EINZELNEN~~ EINZELNEN VERWALTEN KÖNNEN

DER INSULARE (ISOLIERTE)
CHARAKTER DER KULTUR

KEINE BRÜCKE VON EINEM
SOLCHEN
HIN ZU DEM WAS DIE
MENSCHEN IN DIE
ALLTÄGLICHKEIT
EINSPANNT.

DIE GEGENSTÄNDE DES
EIGENTUMS WERDEN IN
DEN FLUSS DES SOZIALEN
LEBENS GEBRACHT DER EINZELNE
KANN SIE NICHT ZUM SCHADEN DER
ALLGEMEINHEIT VERWALTEN ABER
AUCH DIE ALLGEMEINHEIT WIRD SIE
NICHT ZUM SCHADEN DER EINZELNEN
VERWALTEN KÖNNEN

BEERENSTRASSE 48 · 1000 BERLIN 37 · TELEPHONE (030) 801 50 93

ich bin kein Marxist
aber ich liebe Marx vielleicht
mehr als viele Marxisten die
nur an ihn glauben.

Die Erkenntnis aus dem
Marx'schen Hebel zu entwickeln |
habe ich mir zur Pflicht gemacht
sogleich in das Denk-LABOR
zu gehen; und was stelle
ich fest!?:

Geld ist gar kein KAPITAL
aber
FÄHIGKEIT ist KAPITAL
Das Geld als Ware hat also im
Produktionsprozess der Gesellschaft (Wirtschaft)
nichts zu suchen ~~muss~~ darf als universeller
RECHTSGEBER für die ARBEIT nur aus
der Rechtssphäre (demokratisches Bankwesen)
wirken

Joseph Beuys.

ich bin kein Marxist

aber ich liebe Marx vielleicht

mehr als viele Marxisten die

nur an ihn glauben .

Die Erkenntnis aus dem
Marx' schen Hebel zu entwickeln ,
habe ich mir zur Pflicht gemacht
täglich in das Denk-LABOR
zu gehen ; und was stelle
ich fest ! ? :

Geld ist gar kein KAPITAL
aber
FÄHIGKEIT ist KAPITAL
Das Geld als Ware hat also im
Produktionsprozess der Gesellschaft (Wirtschaft)
nichts zu suchen [ ] darf als universeller
RECHTSGEBER für die ARBEIT nur aus
der Rechtssphäre (demokratisches Bankwesen)
wirken

Joseph Beuys

BEWUSSTSEINSERWEITERUNG

1/3 ERKENNTNIS

3 KUNST DES SOZIALEN BAUENS

DAS GESTALTEN DES KAPITALGEFÜGES

wird zu einer KUNST die sich dadurch

~~DAS WAHRNEHMUNGSFELD~~ charakterisiert

von der Bedarfsseite gerufen

von der Naturseite erfüllen möglich ist ?

ARBEITSFELD BEDARFSFELD

ERWEITERTER KUNSTBEGRIFF

KAPITAL KOMMUNIS

~~NATURWISSENSCHAFT~~

Andere Gesellschaftsordnung

MACHBARK.

Lebensgebärden

d. Gebärde

BEWUSSTSEINSERWEITERUNG

1/2 3 ERKENNTNIS
KUNST DES SOZIALEN BAUENS
DAS GESTALTEN DES KAPITALGEFÜGES
wird zu einer KUNST die sich dadurch
DAS WAHRNEHMUNGSFELD
charakterisiert
von der Bedarfsseite gerufen ?
an der Naturseite erfüllensmöglich ist

ARBEITSFELD BEDARFSFELD

ERWEITERTER KUNSTBEGRIFF

[ ]

KAPITAL. KOMMUNIS.

~~NATURWISSENSCHAFT~~

↓ Andere Gesellschafts
ordnung

MACHBARK.

Schöpferische

J. M. ist 1 Künstler

Lebensgebärden

Gemeinsamkeit d. Gebärde

1 ⟶ ( ) ⟶

daß sie die Kreativität das Künstlertum aller
aufruft zur Mitgestaltung.

DRUCK

AGITPRP THEATER

KARL KRAUS WIDERSACHER

SEPARATION

VERSTEHEN

KEIN BEHAUPTUNGS-CHARAKTER

sondern: man muß es durchrechnen.

EINENGUNG

UNTERGANG DER SCHÖNHEITS FÄHIGKEIT

DIE GEISTIGE WELT

~~WIEDERHOL~~ REINKARNATION

KARMA

DER BAU

GODOT

SCWELLE

RELIGIOSITÄT

KUNST = KAPITAL

Der Assoziationsgestalter

Verantwortungseigentum

Kuratorien

Der Gestalter sozialer Ganzheiten im Arbeitsfeld

DRUCK
AGITPRP THEATER

KARL KRAUS WIDERSACHER
SEPARATION
VERSTEHEN
KEIN BEHAUPTUNGS-
CHARAKTER
sondern : man muß es
durch-
EINENGUNG rechnen.
UNTERGANG
DER SCHÖNHEITS
FÄHIGKEIT

DIE GEISTIGE WELT
[ ] REINKARNATION
" KARMA
" DER BAU KUNST=KAPITAL
GODOT Der Assoziations-
SCWELLE gestalter
RELIGIOSITÄT ↑
Verantwortungseigentum Arbeits-
Kuratorien im feld
Der Gestalter sozialer Ganzheiten

DIE STRUCKTURELLEN URSACHEN

WO KÖNNEN WIR DEN HEBEL ANSETZEN UM DIE DINGE INS RECHTE ZU WENDEN ?

DIE PRIORITÄTENFRAGE

DIE IDEE DER DEMOKRATIE MÜNDIGKEIT UND SOUVERÄNITÄT AUS DIESER MITTE ERREICHT DER SOZIALE ORGANISMUS SEIN SELBSBEWUSSTSEIN

SCHEINDEMOKRATIE ZUR VERSCHLEIERUNG DER MACHT DES GELDES = DIE WESTL. FORM DER DIKTATUR

KONST = KAPITAL

DIE BEFREIUNG DES GELDES IST BEDINGUNG FÜR DIE BEFREIUNG DER ARBEIT

DIE VOLKSGESETZGEBUNG ALS GESTALTUNG

BEDARFSFELD (NEHMEN) ARBEITSFELD (GEBEN GEMEINNÜTZIG

ALTE RECHTSFORMEN BESTIMMEN DAS ARBEITSFELD PRIV. EIGENT. LOHNARBEIT PROFIT

DIE VERSKLAVTE KREATIVITÄT U. IHRE DESTRUCKT. PRODUKTION

DIE GELDPROZESSE FUNKTIONSBASIS DES RECHTES

PRODUKTIONSKAPITAL → DAS KREDITIEREN DER LEISTUNGEN, ALLER NOTWENDIGEN LEISTUNGEN

KONSUMKAPITAL = MENSCHENRECHT

DAS WERTFREIE GELD IM RÜCKFLUSS = ABLÖSEN D. KREDITIERG

GELD IST KEIN TAUSCHMITTEL, DAHER DEMOKRATISCH NICHT KONTR. MACHTFAKTOR

DIE FREIHEITSGESTALT = ASSOZIAT. AUTON. ARBEITSSTÄTTEN

DAS UNDING DER PARTEIBÜROKRATISCHE STAATS- U. D. PRIVATWIRTSCHAFTL. KONZERNZENTRALISMUS

DAS IST KEIN RECHT SONDERN UNRECHT

NEUE RECHTE MÜSSEN GESCHAFFEN WERDEN DURCH DEN SOUVERAIN .. DA IST JEDER MENSCH EIN KÜNSTLER → VOLKSABSTIMMUNG

FÜR GEIST RECHT WIRTSCHAFT

WIR FORDERN EIN BUNDESABSTIMMUNGSGESETZ

DIE STRUCKTURELLEN URSACHEN

WO KÖNNEN WIR DEN HEBEL ANSETZEN UM
DIE DINGE INS RECHTE ZU WENDEN?
DIE PRIORITÄTENFRAGE

DIE IDEE DER DEMOKRATIE MÜNDIGKEIT UND
SOUVERÄNITÄT AUS DIESER MITTE ERREICHT
DER SOZIALE ORGANISMUS SEIN SELBS[T]BEWUSSTSEIN

SCHEINDEMOKRATIE ZUR VERSCHLEIERUNG DER MACHT
DES GELDES = DIE WESTL. FORM DER DIKTATUR
KUNST = KAPITAL
DIE BEFREIUNG DES GELDES IST BEDINGUNG FÜR DIE
BEFREIUNG DER ARBEIT
DIE VOLKSGESETZGEBUNG ALS GESTALTUNG
BEDARFSFELD (NEHMEN) ARBEITSFELD (GEBEN
GEMEINNÜTZIG
ALTE RECHTSFORMEN BESTIMMEN DAS ARBEITSFELD
PRIV. EIGENT. LOHNARBEIT PROFIT
DIE VERSKLAVTE KREATIVITÄT U. IHRE DESTRUCKT.
PRODUKTION
DIE GELDPROZESSE FUNKTIONSBASIS DES RECHTES

PRODUKTIONSKAPITAL → DAS KREDITIEREN DER
LEISTUNGEN ALLER NOTWENDIGEN LEISTUNGEN
KONSUMKAPITAL = MENSCHENRECHT
DAS WERTFREIE GELD IM RÜCKFLUSS=ABLÖSEN D.KREDITIERG
GELD IST KEIN TAUSCHMITTEL, DAHER
DEMOKRATISCH NICHT KONTR. MACHTFAKTOR
DIE FREIHEITSGESTALT = ASSOZIAT. AUTON. ARBEITSSTÄTTEN
DAS UNDING DER PARTEIBÜROKRATISCHE
STAATS- U. D. PRIVATWIRTSCHAFTL.
KONZERNZENTRALISMUS

DAS IST KEIN RECHT SONDERN UNRECHT

NEUE RECHTE MÜSSEN GESCHAFFEN WERDEN DURCH
DEN SOUVERAIN DA IST JEDER MENSCH
EIN KÜNSTLER → VOLKSABSTIMMUNG

FÜR GEIST [ ] RECHT WIRTSCHAFT

WIR FORDERN EIN BUNDESABSTIMMUNGSGESETZ
▲

Freiheit

Rechtsleben

Rechtssystem

Gleichheit

Assoz. Bank

Brüderlichkeit

Assoz. Bank. Assoziative Wirtschaftsbetrieb.

Institutionen, Unternehmen

Zentralbank

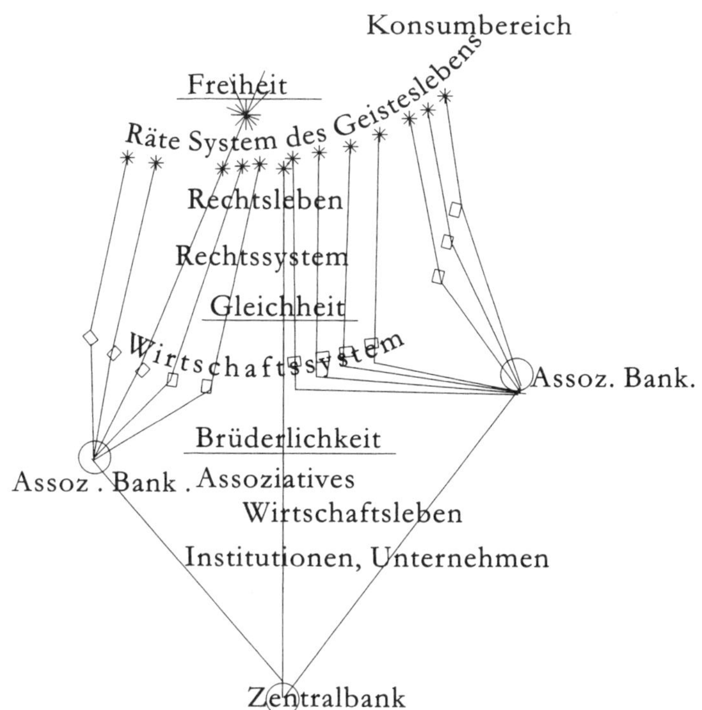
Konsumbereich
Freiheit
Räte System des Geisteslebens
Rechtsleben
Rechtssystem
Gleichheit
Wirtschaftssystem
Assoz. Bank.
Brüderlichkeit
Assoz . Bank .
Assoziatives
Wirtschaftsleben
Institutionen, Unternehmen
Zentralbank

ZUR AKTIVEN NEUTRALITÄT

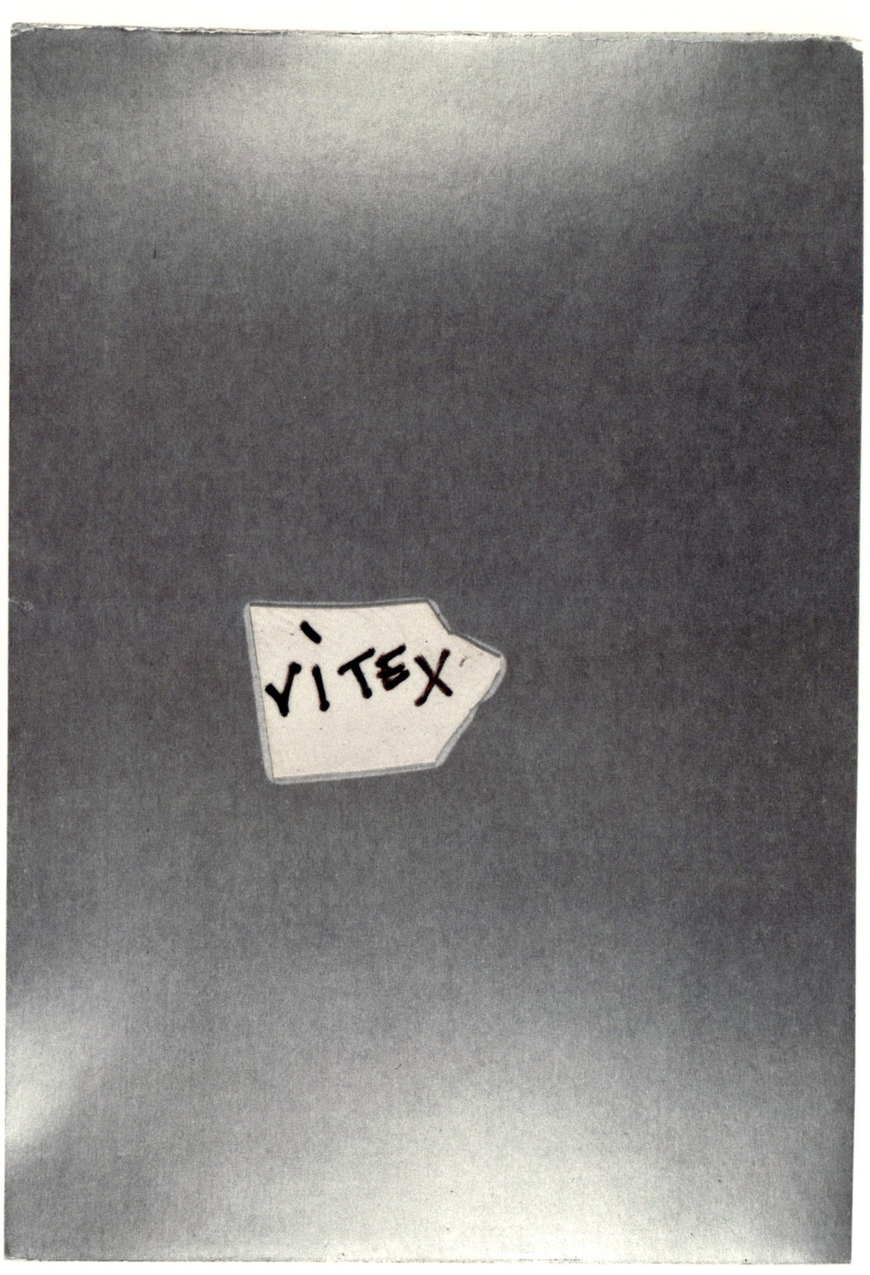
VITEX

VITEX

Zusammenfassung d. A. Dämmerung

Das Urinnewesen

weg mit dem gebräuchlichen Energiebegriff

das Entstehen der Mathematik in dem verstandenen Menschen

Kosmische Sendung des Künstlers
des Menschen

Humanismus ist der materialistische Ausdruck für die barmherzige Liebe

nicht den Schein solange verwirklichen bis nur ein gemeines Wirkliches übrigbleibt

Problem d. DICHTE

Umgestaltung des Wirklich[en] to d. sichtbaren

nicht was ist liegt den Schöpfungen der Kunst zugrunde sondern das [illegible] nicht das Wirkliche sondern das Mögliche

Vischer, Fechner, Schelling, Hartmann, Hegel,

eigengesetzlicher Natur

Zusammenhang i . d . Trennung

Das Wärmewesen

weg mit dem gebräuchlichen Energiebegriff

Das Entstehen der Mathematik in
dem werdenden Menschen

Kosmische Sendung des Künstlers
des Menschen

Humanismus ist der materialistische
Ausdruck für die barmherzige Liebe

nicht den Schein solange verwirklichen
bis nur ein gemeines Wirkliches
übrigbleibt

das ist
Problem
d. DICHTE

Umgestaltung des Wirklich-Tatsächlichen

nicht was ist liegt den Schöpfungen der
(Natur) zugrunde sondern was
Kunst sein könnte
nicht das Wirkliche sondern das
Mögliche

Vischer , Fechner , Schelling , Hartmann
Hegel ,

---

eigengesetzlicher Natur

math.-Tote insofern die Mathematik eine Quantitative ist,

höhere Wahrnehmungsweisen der Aussenwelt

↓

Qualitat. gestaltend ins Künstlerische Plastische hinaufgreift.

Musik
das Leiden
die Wärme
der Kleidung
die Zeitausfüllung
Unterhaltung.
Heilung

Medizinball

Abacus

Übertragung einer Aufgabe an die Maschine – Programm

mathematische oder sogar mechanische Methoden =
das Vorstellen in techn. Modellen

Nachrichtenübermittlung
Mitteilung
techn. Hilfsmittel (Radio, Telephon, Verstärk-

Gedanken können nicht entgegen gebracht werden

Gedanken kann man nur übermitteln

durch ein sinnl. Mittel: Wort, Schrift, Bild, Gesten, Zeichen

Alle diese Mittel haben gemeinsam, dass sie sinnlich wahrnehmbar sein müssen

Sie können die sinnl. wahrnehmbare Welt mit →

insofern die Mathematik
math.-Tote eine quantitative ist .

höhere Wahrnehmungsweisen
der Aussenwelt
↓
qualitat . gestaltend
ins Künstlerische
Plastische heraufgreift .

Übertragung einer Aufgabe
an die Maschine = Programmierung

Musik
Das Leiden
Die Wärme
Der Klang
Die Zeiterfüllung
Contergankind .
Heilung

Medizinball
Abacus

mathematische oder sogar
Mechanistische Methoden =
Das Vorstellen in techn . Modellen

Nachrichtenübermittlung
Mitteilung
techn . Hilfsmittel (Radio , Telephon , Verstärker

Gedanken können nicht entgegen gebracht
werden
Gedanken kann man nur übermitteln
durch ein sinnl . Mittel : Wort , Schrift , Bilder
Gesten , Zeichen
Alle diese Mittel haben gemeinsam , dass sie
sinnlich wahrnehmbar sein , müssen
Wie hängt die sinnl. wahrnehmbare Welt mit →

der übersinnlichen zusammen | Begriff ist falsch | Bild ist geformte Fertigkeit

E

1) Wahrnehmung → Begriff → weitere Begriffe
→ Ausbildung eines Gedankens
Neubildung des Gedankens

Bildung des Gedankens → Ausdruck des Gedankens in einem Mittel

FORM = übersinnlich

Verständigung beruht auf einer Begegnung denkender Menschen an den Formen eines Mittels

Abst. Wandler

(der Mensch als Instrument)

das Signal ist stets eine sinnl. Wahrnehmung / kein Begriff

Aber die Form des Signals vermittelt den Begriff also die Nachricht

Die Nachricht ist Ausdrucksmittel von wem?

ein Modellprozess verhält sich parallel quasi kausal wie ein Naturprozess der übersinnlichen zusammen | Begriff ist Form | Bild ist geformte Farbigkeit

E

O Wahrnehmung → Begriff → weitere Begriffe

→ Ausbildung eines Gedankens

Information Neubildung

1 2 des Gedankens

Bildung des Gedankens → Ausdruck des Gedankens in einem Mittel

FORM = übersinnlich

Verständigung beruht auf einer Begegnung denkender Menschen an den Formen eines Mittels

Der Mensch als Instrument.

Akust. Wandler

Das Signal ist stets nur eine sinnl. Wahrnehmung / kein Begriff

Aber die Form des Signals vermittelt den Begriff also die Nachricht

Die Natur ist Ausdrucksmittel von wem?

parallel

ein Modellprozess verhält sich quantitativ wie ein Naturprozess

was kränkt möcht krank

Nr.	Name	Ort
	Strafrechtspsychologie	
	Psychoanalytiker	Kurzskopie
	Hypnosuggestive	Analgesie
	Psychohygiene	
	Rentenhygiene	Volt
	Sozialhygiene	Ampere
	Paranoia	Ohm
	Stickstoffsynthese.	
	der Erfinder der Dampfmaschine.	
	der Erfinder der Computer Science	
	des dritten thermodynamischen Hauptsatzes	
	der Erfinder der Atombombe.	
	der Gravitations-Konstante	
	der Elektrizität	

901

was kränkt macht krank

Aktion 1.

Schicksalspsychologie

Psychoanalytische Kurztherapie

Hypnosuggestive Analgesie

Psychohygiene

Mentalhygiene Watt

Sozialhygiene Ampere

Paranoia Ohm

Stickstoffsynthese.
2

4 Der Erfinder der

Dampfmaschine.

3 Der Erfinder der Computor Science

des Dritten thermo-
2
dynamischen

Hauptsatzes

der Erfinder der Atombombe.

der Gravitations-

konstante

1

Der Elektrizität

wenn ein Körper Wärme ausstrahlt

Energieteilchen

h × Schwingungszahl
der Lichtwelle
die der
ausgestrahlten
Farbe
entspricht

[illegible]
multipliziert mit Zeitgröße

beruht auf dem
materialistischen
Auffassung der Elektrizitätslehre

Dieser Physik kann
nichts Lebendiges mehr

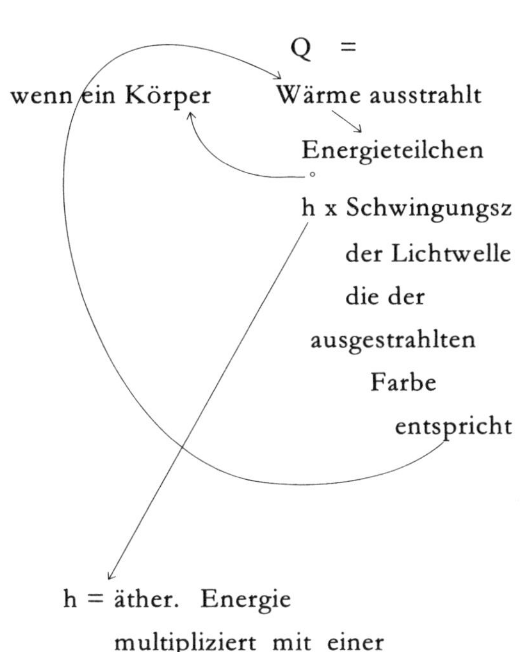

multipliziert mit einer
Zeitgrö[ße]

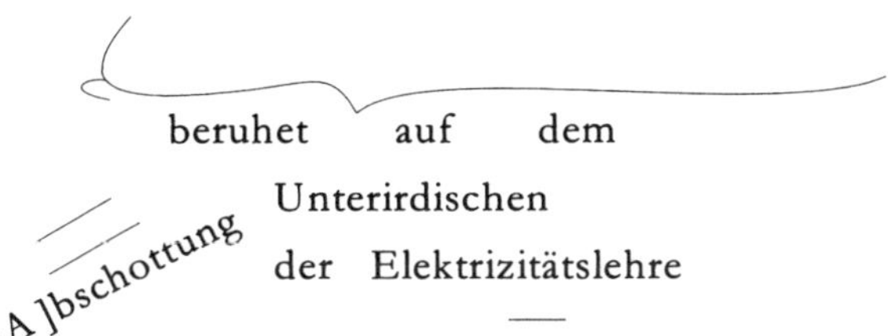

—

dieser Physik kann
nichts Lebendiges mehr
sei[n]

Begriff der PLASTIK.

Signal
Nachricht
Zeichen

Gedanke.

Signal wahrnehmbar.

Das Signal ist niemals ein Begriff sondern stets eine sinnl. Wahrnehmung

Die Form des Signals jedoch vermittelt den Begriff also die Nachricht.

XXX
ttt

elektr. Spannungen u. Ströme dagegen sind keine Signale denn wir wissen von ihnen nur etwas wenn sie durch einen Wandler (Lautsprecher, Zeigerausschlag) zu einer sinnl. Wahrnehmung führen

Paracelsus Signaturenlehre.

Paraboloid Antennen

Begriff der : P L A S T I K .

Signal

Nachricht

Zeichen

Gedanke .

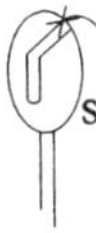

sinnl. wahrnehmb .

Das Signal ist niemals ein Begriff

sondern stets eine sinnl . Wahrnehmung

Die Form des Signals jedoch ver -
mittelt den Begriff also die Nachricht .

XXX

t t t

elektr . Spannungen u . Ströme dagegen sind keine
Signale denn wir wissen von ihnen nur etwas
wenn sie durch einen Wandler (Lautsprecher ,
Zeigerausschlag) zu einer sinnl. Wahrnehmung führen

Paracelsus Signaturen
lehre .

Paraboloid Antennen

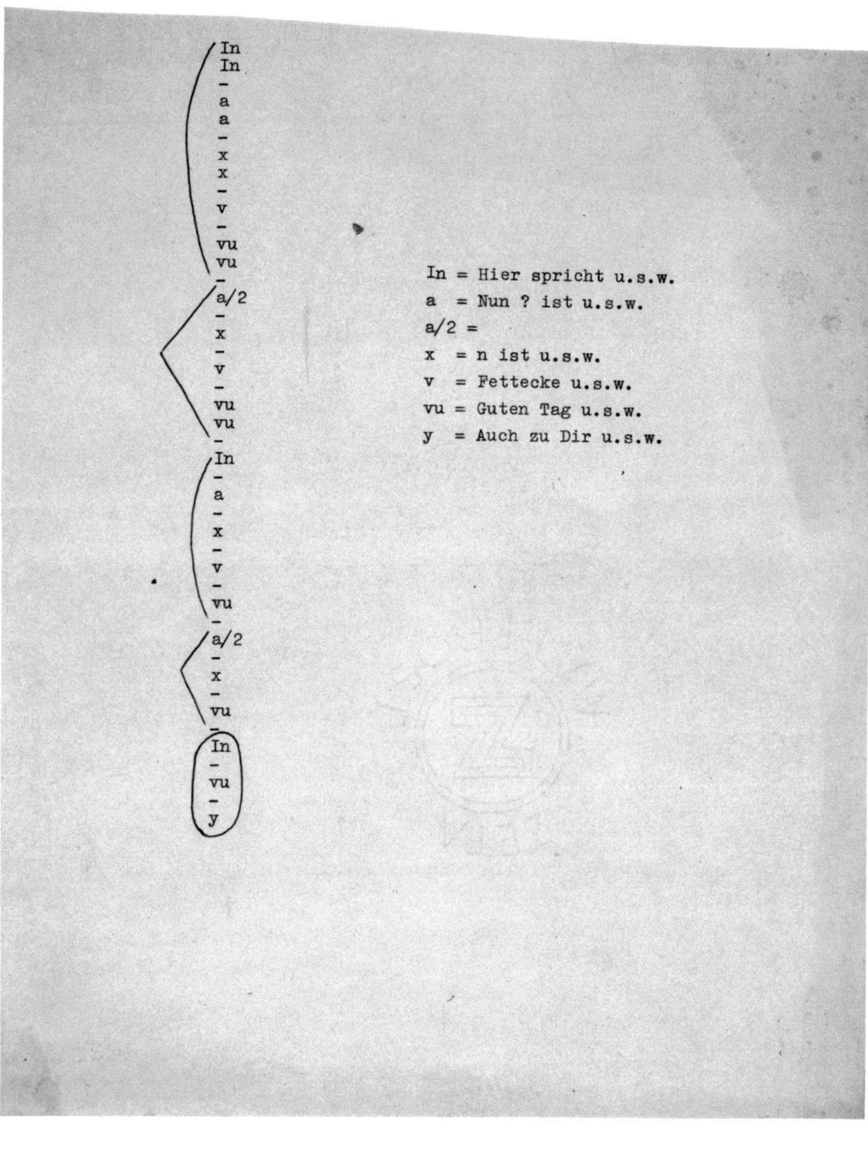

In
In
-
a
a
-
x
x
-
v
-
vu
vu
-
a/2
-
x
-
v
-
vu
vu
-
In
-
a
-
x
-
v
-
vu
-
a/2
-
x
-
vu
-
In
-
vu
-
y
In = Hier spricht u.s.w.
a = Nun ? ist u.s.w.
a/2 =
x = n ist u.s.w.
v = Fettecke u.s.w.
vu = Guten Tag u.s.w.
y = Auch zu Dir u.s.w.

In Hier spricht FLUXUS FLUXUS
In Hier spricht FLUXUS FLUXUS
-
a Nun ? ist Element 2 zu Element 1 heraufgestiegen
Nun ? ist Element 1 zu Element 2 heruntergestiegen ?
Nun ? ist Element 2 zu Element 1 heraufgestiegen
Nun ? ist Element 1 zu Element 2 heruntergestiegen ?
a Nun ? ist Element 2 zu Element 1 heraufgestiegen
Nun ? ist Element 1 zu Element 2 heruntergestiegen ?
Nun ? ist Element 2 zu Element 1 heraufgestiegen
Nun ? ist Element 1 zu Element 2 heruntergestiegen ?
-
x n ist der Schnittpunkt dreier Strahllinien
eins Plastik
zwei potentielle Arithmetik
oder auch eins und zwei integriert
und Element 3
x n ist der Schnittpunkt dreier Strahllinien
eins Plastik
zwei potentielle Arithmetik
oder auch eins und zwei integriert
und Element 3
-
v Fettecke Fettecke
Filterfettecke
Filzecke
-
vu Guten Tag wo gehen Sie hin ?
Thorwaldsen Museum
vu Guten Tag wo gehen Sie hin ?
Thorwaldsen Museum
-
a/2 Nun ? ist Element 2 zu Element 1 heraufgestiegen
Nun ? ist Element 1 zu Element 2 heruntergestiegen ?
-
x n ist der Schnittpunkt dreier Strahllinien
eins Plastik
zwei potentielle Arithmetik
oder auch eins und zwei integriert
und Element 3
-
v Fettecke Fettecke
Filterfettecke
Filzecke
-
vu Guten Tag wo gehen Sie hin ?
Thorwaldsen Museum
vu Guten Tag wo gehen Sie hin ?
Thorwaldsen Museum

In Hier spricht FLUXUS FLUXUS
-
a Nun ? ist Element 2 zu Element 1 heraufgestiegen
Nun ? ist Element 1 zu Element 2 heruntergestiegen ?
Nun ? ist Element 2 zu Element 1 heraufgestiegen
Nun ? ist Element 1 zu Element 2 heruntergestiegen ?
-
x n ist der Schnittpunkt dreier Strahllinien
eins Plastik
zwei potentielle Arithmetik
oder auch eins und zwei integriert
und Element 3
-
v Fettecke Fettecke
Filterfettecke
Filzecke
-
vu Guten Tag wo gehen Sie hin ?
Thorwaldsen Museum
-
a/2 Nun ? ist Element 2 zu Element 1 heraufgestiegen
Nun ? ist Element 1 zu Element 2 heruntergestiegen ?
-
x n ist der Schnittpunkt dreier Strahllinien
eins Plastik
zwei potentielle Arithmetik
oder auch eins und zwei integriert
und Element 3
-
vu Guten Tag wo gehen Sie hin ?
Thorwaldsen Museum
-
In Hier spricht FLUXUS FLUXUS
-
vu Guten Tag wo gehen Sie hin ?
Thorwaldsen Museum
-
y Auch zu Dir fliege ich MANRESA

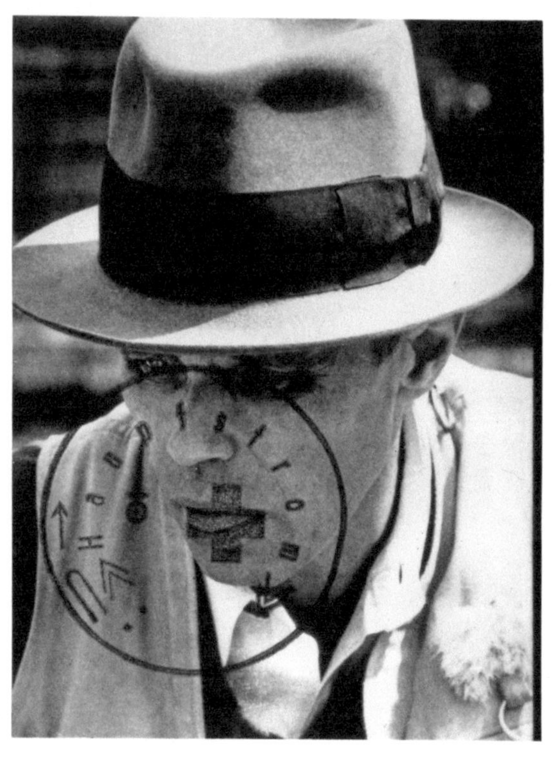

: $\overrightarrow{\overrightarrow{»}\text{H}}$aupstrom»

An Revolutionäre

In diesem ganzen Zusammenhang der aus den Arbeitsplätzen durch körperliche und geistige Arbeit zur Entfaltung kommt, kann betrachtet werden was aus den eigentlichen sozialen Kräften, den Liebeskräften der Menschen an diesen Arbeitsplätzen entsteht.

(Wärme)
Wären in älteren Lebensbezügen die Menschen diese Nahrungsvorschriften für das soziale Gebilde als Offenbarungsweisheiten, bekommen (als Sakramente) durch ihre geistigen Führer gegeben wurde, erlebt er nun daß er selbst der Produzent des Sakramentalen, des den Menschen verbindenden Wärmewesens im Arbeitsfelde ist.

Ein Wesen das ein geistiges Lebewesen auf der Erde, das schon darauf hin angelegt ist, aus dem alten Erdenbestande durch den Menschen den aus seiner Kreativität geschaffenen zukünftigen Planeten zu erschaffen. Denn die Erde lebt nicht ewig.

der Revolutionär

[

]

(Während)
Wenn in älteren Lebensbezügen die Menschen diese Führungsvorschriften [ ] für das [ ] soziale Handeln als Offenbarungsweisheiten , [ ]
(als Sakramente) [ ] durch ihre geistigen Führer gegeben wurde , erlebt er nun daß er selbst der Produzent [des] Sakramentalen ,
[ ] den Menschen verbindenden Wärmewesens im Arbeitsfelde ist .

[ ] ein geistiges Lebewesen auf der Erde , das schon darauf hin angelegt ist , aus dem alten Erdenbestande durch den Menschen den aus seiner Kreativität
[ ] geschaffenen zukünftigen Planeten
zu erschaffen . Denn die Erde lebt nicht ewig .

wie (1) [illegible] der Leib auf die Entwicklung der leibfreien geistig-seelischen Wesenheit des M. hin orientiert ist, so ist dieses Geistig-Seelische auf die Gestaltung eines Leibes

LEIBSCHÖPFERISCHE KRÄFTE

2) JEDER MENSCH IST EIN KÜNSTLER

INDIVIDUATION

vom [illegible] Erleben [illegible]

DA ENDE ALLER TRADITIONEN

[illegible]

Impressionism

Zusammenarbeit mit d Projekten

3 Plastische Theorie

①
wie also der Leib auf die
Entwicklung der leibfreien
geistig - seelischen Wesenheit
des M . hin orientiert ist ,
so ist dieses Geistig - Seelische
auf die Gestaltung eines Leibes

LEIBSCHÖPFERISCHE KRÄFTE

2) JEDER MENSCH IST EIN KÜNSTLER

INDIVIDUATION

vom Betrachten zum Erleben
fortschreiten

DA ENDE ALLER TRADITIONEN

Isolator

Implosion

Zusammenfall
mit d. Projekten

3 Plastische Theorie

Mensch

Imag. Insp. Intuition

vorstellen fühlen wollen

Leib.

Sinnesorg. Rhythm.S. Stoffw.gl.Sys.

Sozial-Wesen

I. Insp. Intuition

Ware Arbeit. KAPITAL

Rechtsl.

Wirtsch. leben

Geistesleben
Schöpferkraft
Creativität
Einsichten
FREIHEIT
KUNST

Begriff des K mit d. Begriff d. Geldes
ein Synthese

Rechtsgültige Anweisung

Rechtsgültige Anweisung und
Wirtschaftswert aufeinander
bezogen und als Einheit
gedacht das KAPITAL

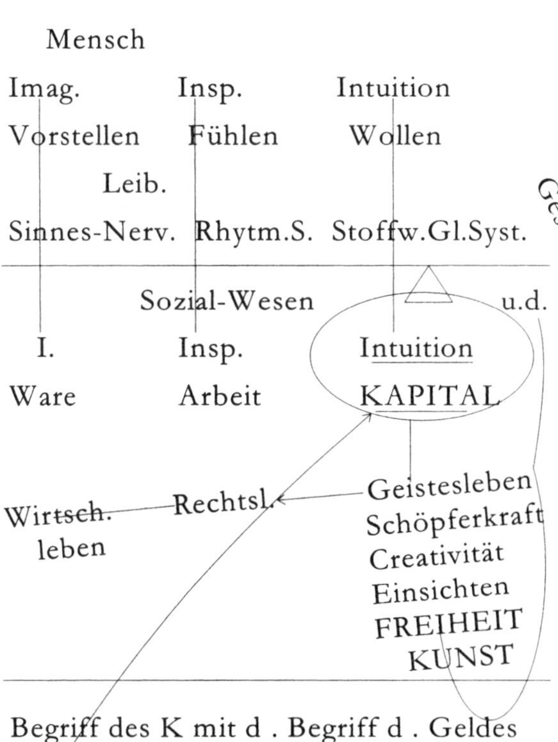

Begriff des K mit d . Begriff d . Geldes
zur Synthese

rechtsgültige
Anweisung

Rechtsgültige Anweisung und
Wirtschaftswert aufeinander
bezogen und als Einheit
gedacht ist KAPITAL

Int Inst. f., Friedenf - u Soz. Fra.

notfalls leben wir auch

ohne Herz

~~Anacharsis ClootsBeuys~~

~~wenn der bestehende~~ Terrorismus

des Staates uns [ ]

~~Anacharsis ClootsBeuys~~

Anacharsis-Beuyscloots

wenn der Terrorismus [ ]

dieses Staates [ ]

im Zerfleischen dessen

Erfolg haben sollte .

AnacharsisBeuyscloots

Cloots-Anacharsis-Beuys

notfalls leben wir auch
ohne Herz
Anacharsis ClootsBeuys
wenn der bestehende Terrorismus
des Staates uns [
]

Anacharsis ClootsBeuys
Anacharsis-Beuyscloots

wenn der Terrorismus [ ]
dieses Staates [ ]
im Zerfleischen dessen
Erfolg haben sollte .

AnacharsisBeuyscloots

Cloots-Anacharsis-Beuys

nicht als Kritik eines [in eine Bewusstseins-lücke springen]
Kritikers gemeint sondern seiner Arbeit
eine wichtige ~~einer gute~~ Ergänzung. (der Spätzündung)

Ich war vom ersten Tage an
der Verräter des Happening

Dieser wie J. J. Lebel später (wegen Spät-zündung) richtig sagt [illegible]
Sache

3 Vom 4 ersten 5 Tage 6 an, - 7 der 8 Verräter 9 des
10 Happening - 2 war 1 Ich
dieser Satz gilt als Edition in der [illegible]
der FAZ

[in eine]
[Bewusstseins]
nicht als Kritik eines lücke springen

Kritikers gemeint sondern
eine wichtige seiner Arbeit
nur zur Ergänzung : (da Spätzündung)

Ich war vom ersten Tage an

der Verräter des Happening

dieser wie J . J . Lebel später (wegen Spät - zündung) richtig sagt lächerlichen Sache

3 Vom 4 ersten 5 Tage 6 an , -7 der 8 Verräter 9 des 10 Happening - 2 war 1 Ich

Dieser Satz gilt als Edition in der Auflagenhöhe der FAZ

DER PRIMAT (1)

STELLEN WIR UNS EINMAL VOR
DER MENSCH (DIE MENSCHHEIT)
WÜRDE SICH IN EINEN
GANZ REIN SEELISCHEN ZUSTAND
VERSETZEN (D.H. SIE WÜRDE
STERBEN) SO WÜRDE SIE SICH
DAMIT NOCH KEINESWEGS
AUSSERHALB DES WIRTSCHAFTLICHEN
BEFINDEN

DIE FREIHEIT
DIE GLEICHHEIT } Kapital
DIE BRÜDERLICHKEIT

GELTEN AUCH IM ÜBERSINNLICHEN

JA SIE SIND GERADEZU
ÜBERSINNLICHE SUBSTANZFORMEN
SIND LEBEWESEN
SIND WIRKLICHKEITEN
WEIL SIE IDEEN SIND

DER PRIMAT (1)

STELLEN WIR UNS EINMAL VOR
DER MENSCH (DIE MENSCHHEIT)
WÜRDE SICH IN EINEN
GANZ REIN SEELISCHEN ZUSTAND
VERSETZEN (D.H. SIE WÜRDE
STERBEN), SO WÜRDE SIE SICH
DAMIT NOCH KEINESWEGS
AUSSERHALB DES WIRTSCHAFTLICHEN
BEFINDEN

DIE FREIHEIT
DIE GLEICHHEIT } Kapital
DIE BRÜDERLICHKEIT

GELTEN AUCH IM ÜBERSINNLICHEN

JA SIE SIND GERADEZU
ÜBERSINNLICHE SUBSTANZFORMEN
SIND LEBEWESEN
SIND WIRKLICHKEITEN
WEIL SIE IDEEN SIND

(2)

ZUR AKTIVEN NEUTRALITÄT

STELLEN WIR UNS EINMAL VOR ALLE MENSCHEN DEUTSCHER ZUNGE WÜRDEN SICH IN EINEN GANZ REIN SEELISCHEN (AKTIVEN) ZUSTAND BRINGEN, SO WÄRE DAS GEWOLLTE [die Neutralität] ERREICHT.
ABER SIE HÄTTEN ES NACH DEN GESETZEN EBEN DIESES REINEN SEELISCHEN NICHT ETWA FÜR SICH SELBST ERREICHT SONDERN FÜR ALLE ANDEREN VÖLKER

NUR DIE SEELE MUSS GERETTET WERDEN

aber warum
pflanzt man dann
Bäume?

¡ DAS TIEFSTE
GEHEIMNIS !

(2)

ZUR AKTIVEN NEUTRALITÄT

STELLEN WIR UNS EINMAL
VOR ALLE MENSCHEN
DEUTSCHER ZUNGE
WÜRDEN SICH IN EINEN GANZ REIN
SEELISCHEN (AKTIVEN) ZUSTAND
BRINGEN, SO WÄRE DAS
GEWOLLTE (die akt. Neutralität)
ERREICHT.
ABER SIE HÄTTEN ES NACH
DEN GESETZEN EBEN DIESES
REINEN SEELISCHEN NICHT
ETWA FÜR SICH SELBST
ERREICHT , SONDERN FÜR
ALLE ANDEREN VÖLKER

NUR DIE SEELE MUSS GERETTET
WERDEN

aber warum

pflanzt man dann

Bäume ?

: DAS TIEFSTE
GEHEIMNIS !

NACHWORT DES HERAUSGEBERS

Man muss kein Joseph-Beuys-Kenner sein, um sich seine »kleinsten Aufzeichnungen« zu erschließen. Über das künstlerische Werk hinaus, in dessen Kontexten sie entstanden und dessen Signaturen ihnen allerorten eingeschrieben sind, sind sie als eigenständige Texte, Textbilder lesbar. Begriffsstudie, philosophische Reflexion, poetisches Fragment und politischer Traktat spannen den Raum auf, in dem sich diese Notate bewegen, ohne sich um Definitionen literarischer Genres zu bekümmern; was sie durch mehr als vier Jahrzehnte und über verschiedene Werkphasen hinweg verbindet, ist weniger eine bestimmte Form als das nicht nachlassende Interesse ihres Verfassers, das eigene Denken im Zuge der Niederschrift zu fokussieren und weiterzutreiben.

Dieser Impuls springt bei der Lektüre ebenso über wie der hohe Freiheitsgrad, die Beweglichkeit der Notation; im Sinne einer Gaya Scienza, die weder ihr Pathos noch ihre Vorläufigkeit verleugnet, stellt Beuys die Figuren seines Denkens, das darüber im Prozess sichtbar wird, immer von Neuem auf und um, neben- und gegeneinander, testet ihre Reaktionen, zwischen ihnen wirksame Kräfte. Die Notation bildet das Leben der Begriffe und Themen ab, konturiert unabschließbare Baustellen, wiederkehrende Flucht- und Reibungspunkte; das Spektrum explorativer und bilanzierender Problemaufstellungen reicht von Materialsammlung und -komposition (»untere / mittlere / obere Sinne«) über dynamische Figurationen (»new cross«) bis zu synoptischen Schaubildern (»Konsumbereich«). Grafisch und auch vom Gestus her erinnert manches davon an Unternehmen symbolisch-begrifflicher Weltkartierung etwa Emanuel von Swedenborgs oder Jakob Böhmes, auf die sich Beuys verschiedentlich bezogen hat, zugleich sind es unverkennbar Kartierungen seiner eigenen Zeit, die das Verhältnis von Ökonomie und Natur ausmessen, Transzendenz im Menschen verorten, künstlerische und gesellschaftliche Herausforderung engführen und in die Verantwortung des Einzelnen stellen. Ansätze zu Sternkarten für einen irdischen Gebrauch.

Wie in seinem gesamten Werk beschäftigt sich Beuys auch in seinen ephemeren Aufzeichnungen immer wieder mit der Untersuchung gesellschaftlicher Verhältnisse und sich daraus ergebenden Möglichkeiten individueller Selbsthilfe und Selbstermächtigung; mythologische, anthroposophische und theologische Quellen sind ebenso wie Diskurse zeitgenössischer Ökonomie, Soziologie und Kommunikationstheorie vor allem unter dieser Maßgabe von Interesse. In »Die Kunst als ›Liebhaberei‹«, »Weg der Metalle«, »Mond Planeten« und »BLEI gußf.« etwa, die vor der Folie einer Kulturgeschichte der Metalle agieren – ihrer Symbolisierung von der Antike bis zur Frühromantik, ihrer Ökonomisierung, ihrer Verbindung zum Begriff des Geldes –, treffen fragmentierte kulturhistorische, alchemistische und astrologische Topoi auf Tacitus' *Germania,* Novalis' *Heinrich von Ofterdingen* oder Lilly Koliskos *Sternenwirken in Erdenstoffen.* In »Das Sakramentale« steht der Begriff »Warmth-Ferry«, Beuys' Bild für die eigene Kunst als Transporter von Kreativität, in unmittelbarer Nachbarschaft zu »Sun-State«, Tommaso Campanellas Utopie eines idealen Staates mit gleich verteilter Arbeit und ohne Privateigentum, die Beuys für sein Modell einer ganzheitlich-demokratischen Gesellschaftsordnung adaptiert und umdenkt (etwa in »Untitled (Sun-State)«, 1974). Verweise auf diskursiv nicht einholbare Erfahrung und marxistische Ökonomiekritik gehen auf wenigen Zeilen erstaunliche Verbindungen ein, die das Denken dynamisieren, jede Vorstellung einer statischen, unhintergehbaren »Faktizität des Gegebenen« auflösen. Unter »Kunst als ›Liebhaberei‹« kann man im Übrigen auch einen Begriff aus dem heutigen Steuerrecht verstehen, was die Lektüre noch einmal wendet, ohne Beuys' Intention zu unterlaufen. Ihrer offenen Form und ihrem Fragmentcharakter entsprechend, bieten sich seine Notate als Ausgangspunkte für Aktualisierungen und Weiterschreibung an und schreiben sich so in die Gegenwart ein.

Neben Versuchen der Kartierung und synoptischen Darstellung finden sich Notationsverfahren, die verschiedenen Arten der Notiz entsprechen: Lektüreexzerpte in »Bildnerei u. Malerei« bilden schwebende Listen, eine botanische Familienaufstellung in »große Brennessel« wächst sich zur Begriffswolke aus, semantische und lautliche Brücken in »Zählebig zielen« führen zu Wortsäulen und -fächern – beim Betrachten dieses Blattes lässt sich verfolgen, wie sich die titelgebende, an erratische Spruch- und Fabeldichtung erinnernde Sentenz in ihre Satzbestandteile auflöst, die sich thematisch und räumlich in unterschiedliche Richtungen entwickeln, dem Obersatz wortwörtlich Beine machen. In »Bewegungen« steht die Sammlung sprachlichen Materials im Dienst einer Darstellung des menschlichen Sprechapparates und der Lautbildung, der wortmehrende Reiz semantischer Brücken allerdings ist an den Rändern noch gut zu erkennen. In die Fläche ausgelegt, werden die gestischen Aspekte des Denkens, sein Handlungs-, Spiel- und Versuchscharakter sichtbar; Gänge, Wendungen und Sprünge der Auffassung vermitteln sich implizit über räumliche Konstellationen, Figuren, Leerstellen. Blätter wie »Bewegungen«, »4« oder »insofern die Mathematik« leben davon, dass die mimetische Abbildung der Sprach- und Gedankenarbeit zur Klärung ihrer Strukturen beiträgt, die Konturen ihrer Gegenstände schärft. Den häufigsten Typ der Aufzeichnung jedoch und alle anderen durchziehend bilden Formen des Statements und des Kommentars – sei es Anmerkung (»Wahrheit«), Aperçu (»the intuition«) oder Bekenntnis (»Weisheitsged.«), sei es Lehrgespräch (»nicht unflott«), Argument (»ich bin kein Marxist«) oder Traktat (»DIE STRUKTURELLEN URSACHEN«) –, die direkten Kontakt herstellen, Austausch und Auseinandersetzung suchen.

Sprachliche Konzentration und zugleich Fragmentierung verleihen Beuys' Notationen eine eigene ästhetische, poetische Qualität. Ihr gestisches und räumliches Spiel trägt dazu ebenso bei wie Sprachwitz und an vielen Stellen durchscheinende romantische, selbstbezügliche Ironie. Stets sieht man zudem den bildnerisch Arbeitenden, insistierendes Erkenntnisinteresse verbindet sich mit einem feinen Sinn für Konstellation, Spiel und Aktion; eine wechselseitige Durchdringung von Material, Medium und Begriff, die Beuys' künstlerisches Werk generell kennzeichnet, das auch aus diesem Grund ständig zur Reaktion, zu eigenen Bewegungen herausfordert. Auf dem Blatt »Konsumbereich« skizziert Beuys das Dispositiv eines basisdemokratischen Finanzwesens – da die zugehörigen Diskurse an dieser Stelle nicht ausgeführt werden, begegnet es dem Leser wie eine Skulptur oder Installation, die dazu einlädt, die ihr zugrunde liegenden Überlegungen selbst anzustellen und unter Umständen neu zu denken. Auch dieser Reiz, Theorien im Entwurfsstadium zu begegnen und nicht in einer geschlossenen Prosa, die ihre Brüche und Schwierigkeiten zudeckt, stellt sich bei vielen Blättern ein und ist Teil ihrer poetischen Wirkung.

Mit dem Anliegen dieser Auswahl, Beuys' Aufzeichnungen aus einem poetischen Interesse heraus zu betrachten, kommt ein erweitertes Verständnis von »Poetizität« ins Spiel, das in Ansätzen spätestens seit der Frühromantik existiert und eng mit Beuys' Rede vom »erweiterten Kunstbegriff« verbunden ist. Ein poetisches Moment ist, so aufgefasst, über Gedichte und allgemein Texte hinaus für jede menschliche Hervorbringung und Tätigkeit konstitutiv und, da es das lebendige, sich als solches artikulierende Subjekt ins Zentrum stellt, zugleich ein Indikator für deren Humanität – und Produktivität im strengen, tiefen Sinn. Beuys' Notate, die sich nicht oder nur am Rande einem dichterischen Impuls verdanken, haben sowohl sprachlich als auch in erweiterter, gestischer und kompositorischer Hinsicht poetische Züge und veranschaulichen darüber hinaus exemplarisch, wie das eine in das andere übergeht, sich Wechselwirkungen zwischen Denk- und Handlungsräumen herstellen.

Die faksimilierten Textträger belegen, dass diese Aufzeichnungen nicht im Sinne eines Manuskripts, mit Blick auf eine Veröffentlichung entstanden sind; was hier – weder chronologisch noch streng thematisch geordnet – vorliegt, ist ein im doppelten Wortsinn »ungebundenes« Notizbuch in Form fliegender Blätter, Spuren beständig mitlaufender Reflexion und Begriffsarbeit bezüglich der alle Belange des Menschen umfassenden Aktivität, als die Joseph Beuys künstlerisches Handeln verstand. Die poetische Qualität der Blätter beruht auch auf diesem vor- und beiläufigen Charakter der Notation, damit verbundener gestischer Intuition und Dynamik; im Sinne des romantischen Fragments, erweitert um anarchische, praktische und agitatorische Züge, geht es nicht um wie auch immer »fertigen« Text, vielmehr um seine Öffnung, sein mögliches Beginnen, um Prozesse der Gedankenbildung und das Moment ihrer Verknüpfung. Die Arbeit am Begriff betrifft den ganzen Menschen, sie vollzieht sich nicht linear, nicht einmal ausschließlich sprachlich; sie ist, wie die Notate zeigen, immer und in erster Linie Arbeit an Beweglichkeit, an Haltung, Gestus und, so paradox es klingt, am Spiel – eine Arbeit, die Spielräume schafft und sich die Freiheit nimmt: »noch zusätzlich tanzen ist wohl eine Zumutung, aber es wäre gut«.

Steffen Popp, Berlin 2015

DANK

Die vorliegende Auswahl beruht auf der von Eva Beuys herausgegebenen Sammlung *Joseph Beuys: Das Geheimnis der Knospe zarter Hülle,* die in der Edition Heiner Bastian bei Schirmer/Mosel erschienen ist. Die Abfolge der Notate folgt bis auf wenige Umstellungen der von Eva Beuys, bei einigen mehrseitigen Aufzeichnungen beschränkt sich die Auswahl auf einzelne Blätter. Der Dank des Herausgebers gilt Eva Beuys, Wenzel Beuys für die Transkription und dem Fotografen Nic Tenwiggenhorn für die Aufnahmen der Manuskripte, ohne deren Arbeit und großzügige Unterstützung dieses Buch nicht hätte erscheinen können.

ZU DEN NOTATEN

Die Angaben zu den Notaten (Entstehungszeit, Maße in cm, ggf. Erläuterungen, Nummerierung) folgen denen von Eva Beuys in *Joseph Beuys: Das Geheimnis der Knospe zarter Hülle. Texte 1941-1986.*

S. 6 Bildnerei u. Malerei (1985, 19,1 × 23,3, Nachsatzpapier in: Johann Gottfried Herder, *Genie, Kunst, Dichtung*, Potsdam o. J. – I,1)

S. 8 ich wäre zusammengebrochen (1985, 9,7 × 9,7, Aufzeichnung zu: »Sprechen über das eigene Land: Deutschland«, Vortrag, gehalten am 20. November 1985, 3. Münchner Kammerspiele – I,2)

S. 10 rechts< >Links (1966, 20,8 × 14,8 – I,4)

S. 12 Bewegungen (1960-1964, 42,5 × 30,3 – I,5)

S. 14 Weltenwort ⟶ Bewegung (1960-1964, 42,5 × 29,5 – I,6)

S. 16 phyg d' – d (1982-, 18,2 × 9 – I,7)

S. 18 untere / mittlere / obere Sinne (1972-, 34,7 × 24,5 – I,8)

S. 20 4 unteren Sinne (1972-, 21 × 15 – I,9 recto)

S. 22 4 mittleren / oberen Sinne (1972-, 21 × 15 – I,10 verso)

S. 24 in Filz graviert (1963-1964, 29,7 × 21 – I,11)

S. 26 Weisheitsged. (-1970, 17,8 × 11,9 – I,12)

S. 28 the intuition (1953-, 18,5 × 18 – II,2)

S. 30 Rot Urfarbe (1950, 7,5 × 12,9 – II,3)

S. 30 Polarität u. Steigerung (1950, 7,5 × 12,9 – II,3)

S. 32 konstr. Denken (1950, 7,5 × 12,9 – II,5)

S. 32 Ganzheitsbetrachtung (1950, 7,5 × 12,9 – II,5)

S. 34 Farb. Schatten (1950, 7,5 × 12,9 – II,6)

S. 34 Weizäcker Experiment (1950, 7,5 × 12,9 – II,6)

S. 36 INTUITION (-1965-, 13,7 × 29,2 – II,7)

S. 38 ARTIKULATION (-1965-, 21 × 29,2 – II,11)

S. 40 stern ⟶ (-1965-, 21 × 13,5 – II,14)

S. 42 trial (1977-1986, 21 × 14,8 – II,16)

S. 44 vom Betrachten zum Erleben (1983-, 29,5 × 20,9 – II,21)

S. 48 as long's I see (1972-1985, 17,9 × 25,5 – III,1)

S. 50 Wahrheit (1974, 20,9 × 14,5 – III,2)

S. 52 der erweiterte Kunstbegriff (1970-, 17,7 × 16 – III,6)
S. 54 Denken Form tot. (1960-1961, 21 × 14,8 – III,10)
S. 56 Bildhauerei (-1974, 13,2 × 21 – III,11)
S. 58 Wer ist der grösste Komponist der Gegenwart??? (1966, 29,6 × 20,9 »Partitur: der größte Komponist der Gegenwart ist das Contergankind« – III,12 recto)
S. 60 Die einzige Genialität (1958-1965, 13,6 × 10,5 – III,13)
S. 62 was nun (1983-1985, je 14,7 × 10,6 – III,17 vier Blätter)
S. 70 was nun (1983-1985, je 14,7 × 10,6 – III,18 vier Blätter)
S. 78 was nun (1983-1985, je 10,5 × 14,7 – III,19 zwei Blätter)
S. 80 Zählebig zielen (1984, 14,8 × 21 – III,22)
S. 82 URFT (1969, 29,8 × 20,9 – III,24)
S. 84 N (1973, 29,6 × 21 – III,25)
S. 86 1969 (1969, 14,2 × 5,6 verso bezeichnet: »69« – IV,1)
S. 88 große Brennessel (1982-1983, 22,8 × 16,3 – IV,4)
S. 90 Carneol (–, 8,9 × 6,6 – IV,10)
S. 92 Die Kunst als »Liebhaberei« (1982-, 29,7 × 21 – IV,11 recto)
S. 94 Weg der Metalle (1982-, 29,7 × 21 – IV,12 verso)
S. 96 Mond (1948-1982, 28,1 × 21,6 – IV,13)
S. 98 BLEI gußf. (1982, 29,6 × 21 – IV,14)
S. 100 Das Sakramentale (1974, 20,9 × 29,6 – IV,15)
S. 102 SIE KÖNNEN DAMPF MACHEN (1954-1984, 30 × 21,1 – IV,17)
S. 104 Der Mensch (1961-1965, 23,7 × 19,5 – IV,21)
S. 106 MENSCH (1974, 24,7 × 26,1 – IV,22)
S. 110 Jesus Christus (1957, 13,5 × 21 – VI,1)
S. 112 hence (-1974-, 23 × 16,5 – VI,3)
S. 114 with an epitheton (1962-1966-1970, 21,5 × 13,9 – VI,5)
S. 116 Die theoretischen Fragen (1972, 20,9 × 14,9 – VI,12)
S. 118 beschreiben ⟷ genetisch entwickeln (1967-1968, 30,1 × 20,8 – VI,13)
S. 120 new cross (1967, 29,6 × 20,9 »Partitur zu EURSIENSTAB« – VI,14 verso)
S. 122 nicht unflott (1972, 29,7 × 21 – VI,16 recto)
S. 124 nicht unflott (noch zusätzlich tanzen) (1972, 29,7 × 21 – VI,16 verso)
S. 126 eine Waffe gegen den Feind (-1965-, 29,6 × 21 – VI,17 recto)
S. 128 Das Banner (-1965-, 29,6 × 21 – VI,18 verso)
S. 130 4 (-1985-, 29,7 × 21 – VI,22)
S. 132 wo du bist (1985, 26,5 × 16,2 – VI,23)

INHALT

Wahrheit / große Brennessel

new cross

ZUR AKTIVEN NEUTRALITÄT

Bibliothek Suhrkamp
Verzeichnis der letzten Nummern

1395 Ko Un, Die Sterne über dem Land der Väter
1396 Wisława Szymborska, Der Augenblick/Chwila
1397 Brigitte Kronauer, Frau Melanie, Frau Martha und Frau Gertrud
1398 Idea Vilariño, An Liebe
1399 M. Blecher, Vernarbte Herzen
1401 Gert Jonke, Schule der Geläufigkeit
1402 Heiner Müller / Sophokles, Philoktet
1403 Giorgos Seferis, Ionische Reise
1404 Christa Wolf, Nachdenken über Christa T.
1405 Günther Anders, Tagesnotizen
1406 Roberto Arlt, Das böse Spielzeug
1407 Hermann Hesse / Stefan Zweig, Briefwechsel
1408 Franz Kafka, Die Zürauer Aphorismen
1409 Saadat Hassan Manto, Schwarze Notizen
1410 Arno Schmidt, Die Gelehrtenrepublik
1411 Bruno Bayen, Die Verärgerten
1412 Marcel Beyer, Flughunde
1413 Thomas Brasch, Was ich mir wünsche
1414 Reto Hänny, Flug
1415 Zygmunt Haupt, Vorhut
1416 Gerhard Meier, Toteninsel
1417 Gerhard Meier, Borodino
1418 Gerhard Meier, Die Ballade vom Schneien
1419 Raymond Queneau, Stilübungen
1420 Jürgen Becker, Dorfrand mit Tankstelle
1421 Peter Handke, Noch einmal für Thukydides
1422 Georges Hyvernaud, Der Viehwaggon
1423 Dezső Kosztolányi, Lerche
1424 Josep Pla, Das graue Heft
1425 Ernst Wiechert, Der Totenwald
1427 Leonora Carrington, Das Haus der Angst
1428 Rainald Goetz, Irre
1429 A. F. Th. van der Heijden, Treibsand urbar machen
1430 Helmut Heißenbüttel, Über Benjamin
1431 Henri Thomas, Das Vorgebirge
1432 Arno Schmidt, Traumflausn
1433 Walter Benjamin, Träume
1434 M. Blecher, Beleuchtete Höhle
1435 Edmundo Desnoes, Erinnerungen an die Unterentwicklung
1436 Nazim Hikmet, Die Romantiker
1437 Pierre Michon, Rimbaud der Sohn
1438 Franz Tumler, Der Mantel
1439 Munyol Yi, Der Dichter
1440 Ralf Rothmann, Milch und Kohle
1441 Djuna Barnes, Nachtgewächs
1442 Isaiah Berlin, Der Igel und der Fuchs

1443 Frisch, Skizze eines Unglücks / Johnson, Skizze eines Verunglückten
1444 Alfred Kubin, Die andere Seite
1445 Heiner Müller, Traumtexte
1446 Jannis Ritsos, Monovassiá
1447 Volker Braun, Der Stoff zum Leben 1-4
1448 Roland Barthes, Die helle Kammer
1449 Siegfried Kracauer, Straßen in Berlin und anderswo
1450 Hermann Lenz, Neue Zeit
1451 Siegfried Unseld, Reiseberichte
1452 Samuel Beckett, Disjecta
1453 Thomas Bernhard, An der Baumgrenze
1454 Hans Blumenberg, Löwen
1455 Gershom Scholem, Die Geheimnisse der Schöpfung
1456 Georges Hyvernaud, Haut und Knochen
1457 Gabriel Josipovici, Moo Pak
1458 Ernst Meister, Gedichte
1459 Meret Oppenheim, Träume Aufzeichnungen
1460 Alexander Kluge, Gerhard Richter, Dezember
1461 Paul Celan, Gedichte
1462 Felix Hartlaub, Kriegsaufzeichnungen aus Paris
1463 Pierre Michon, Die Grande Beune
1464 Marie NDiaye, Mein Herz in der Enge
1465 Ossip Mandelstam, Anna Achmatowa
1467 Robert Walser, Mikrogramme
1468 James Joyce, Geschichten von Shem und Shaun
1469 Hans Blumenberg, Quellen, Ströme, Eisberge
1470 Florjan Lipuš, Boštjans Flug
1471 Shahrnush Parsipur, Frauen ohne Männer
1472 John Cage, Empty Mind
1473 Felix Hartlaub, Italienische Reise
1474 Pierre Michon, Die Elf
1475 Pierre Michon, Leben der kleinen Toten
1476 Kito Lorenc, Gedichte
1477 Alexander Kluge/Gerhard Richter, Nachricht von ruhigen Momenten
1478 E.M. Cioran, Leidenschaftlicher Leitfaden II
1479 Christa Wolf, Kein Ort. Nirgends
1480 Renata Adler, Rennboot
1481 Julio Cortázar/Carol Dunlop, Die Autonauten auf der Kosmobahn
1482 Lidia Ginsburg, Aufzeichnungen eines Blockademenschen
1483 Ludwig Hohl, Die Notizen
1484 Ludwig Hohl, Bergfahrt
1485 Ludwig Hohl, Nuancen und Details
1486 Ludwig Hohl, Vom Erreichbaren und vom Unerreichbaren
1487 Ludwig Hohl, Nächtlicher Weg
1488 Fritz Sternberg, Der Dichter und die Ratio
1489 Felix Hartlaub, Aus Hitlers Berlin
1490 Renata Adler, Pechrabenschwarz
1491 Pierre Michon, Körper des Königs
1492 Joseph Beuys, Mysterien für alle
1493 T. S. Eliot, Vier Quartette / Four Quartets